# Estado da Arte
## EM VENDAS

---

CLAUDIO ZANUTIM • RENATO MARTINELLI

# A Arte da Prospecção

# Estado da Arte em Vendas

**CLAUDIO ZANUTIM • RENATO MARTINELLI**

# A Arte da Prospecção

www.dvseditora.com.br
São Paulo, 2022

# Estado da Arte em Vendas
## A Arte da Prospecção

DVS Editora Ltda 2022 – Todos os direitos para a língua portuguesa reservados pela Editora.

Nenhuma parte deste livro poderá ser reproduzida, armazenada em sistema de recuperação, ou transmitida por qualquer meio, seja na forma eletrônica, mecânica, fotocopiada, gravada ou qualquer outra, sem a autorização por escrito dos autores e da Editora.

**Design de capa, projeto gráfico e diagramação:** Bruno Ortega

**Revisão:** Thaís Pol

```
       Dados Internacionais de Catalogação na Publicação (CIP)
              (Câmara Brasileira do Livro, SP, Brasil)

    Zanutim, Claudio
       Estado da arte em vendas : a arte da prospecção /
    Claudio Zanutim, Renato Martinelli. -- 1. ed. --
    São Paulo : DVS Editora, 2022.

       ISBN 978-65-5695-068-6

       1. Administração de empresa 2. Desenvolvimento
    pessoal 3. Gestão de negócios 4. Planejamento
    estratégico 5. Prospecção I. Martinelli, Renato.
    II. Título.

 22-125446                                    CDD-658.812
```

Índices para catálogo sistemático:

1. Prospecção : Vendas : Relações com os clientes : Administração    658.812

Aline Graziele Benitez - Bibliotecária - CRB-1/3129

**Nota:** Muito cuidado e técnica foram empregados na edição deste livro. No entanto, não estamos livres de pequenos erros de digitação, problemas na impressão ou de uma dúvida conceitual. Para qualquer uma dessas hipóteses solicitamos a comunicação ao nosso serviço de atendimento através do e-mail: atendimento@dvseditora.com.br. Só assim poderemos ajudar a esclarecer suas dúvidas.

# SUMÁRIO

AGRADECIMENTOS ............................................. 6

PREFÁCIO .................................................... 8

INTRODUÇÃO ................................................. 11

PROSPECÇÃO - A BASE DAS VENDAS ............................. 16

PROSPECTAR OU NÃO, EIS A QUESTÃO ........................... 31

PLANEJAMENTO NA PROSPECÇÃO ................................. 38

O PODER DA TRIANGULAÇÃO .................................... 55

COMO SUPERAR OBJEÇÕES ...................................... 66

#MICASO – O SEGREDO DAS SEIS LETRAS ........................ 68

PROSPECÇÃO PELO TELEFONE ................................... 76

PROSPECÇÃO PELO LINKEDIN ................................... 87

PROSPECÇÃO PELO WHATSAPP ................................... 92

PROSPECÇÃO PELO TELEGRAM ................................... 96

PROSPECÇÃO PELO E-MAIL .................................... 100

RESILIÊNCIA NA PROSPECÇÃO .................................. 106

OS TRÊS PS QUE ESTÃO BLOQUEANDO VOCÊ ...................... 108

PILARES DA RESILIÊNCIA MENTAL ............................. 117

# AGRADECIMENTOS

Sempre que escrevo minhas dedicatórias, agradeço a Deus pela sabedoria e pela saúde mental, espiritual e fisiológica. Dedico com imenso carinho a minha esposa, Kátia, e a meus filhos, Maria Rachel e Raphael, pois sempre me apoiaram no desenvolvimento de cada detalhe da minha carreira profissional.

Não poderia deixar de citar também meus leitores e leitoras, que sempre dedicaram seu tempo, carinho e investimento para acompanhar minhas obras. Sem vocês este livro não teria sentido.

Por fim, agradeço o meu parceiro de longas jornadas de construção e aplicações de treinamentos, Renato Martinelli, o grande "Martina".

*Claudio Zanutim*

Agradeço a Deus e a todos os benfeitores que me acompanham pelas bênçãos de saúde, paz, proteção e prosperidade; pela sabedoria e pelo discernimento; por tudo o que já vivenciei e conquistei em minha vida pessoal e profissional; e por tudo o que vier pela frente.

Meus agradecimentos a minha família. A meus pais José Luiz e Darci; minha companheira de vida, Ana Carolina; meus filhos, Theo e Jaward; minha madrinha, Mirna, e meu tio, Miguel; minha irmã, Adriana, e meu cunhado, Alessandro; Beatriz; e Guilherme. Agradeço também a toda a minha família mineira: Carlos Alberto Casalinho, Clarice, Ana Paula, Leandro, Lila, Ana Elisa, João Henrique e Simone. Vocês são minha base, meu porto seguro, onde sempre encontro amor, acolhimento, incentivo e apoio. Não chegaria até aqui sem vocês, e sempre aprendo e cresço com todos, muito obrigado de coração.

Meu obrigado a Claudio Zanutim, grande Zanuta, pela parceria no livro e em tantos outros projetos. Ganhei um grande parceiro durante minha trajetória profissional. Você foi decisivo para, juntos, escrevermos este livro.

Dedico essa obra a todos os vendedores, vendedoras e profissionais que atuam ou querem atuar na área de vendas. Que você encontre nesta obra as informações e o estímulo que precisa para alavancar sua carreira e seus resultados em prospecção. Saiba que cada página foi pensada e escrita com dedicação para contribuir para o seu crescimento profissional. Boa leitura!

*Renato Martinelli*

# PREFÁCIO

## Nada acontece até que alguém venda algum coisa

Essa frase, cunhada por Arthur Redley Motley, empresário que atuou como presidente da Câmara de Comércio americana na década de 1960, continua atual. A área de vendas é o motor de uma empresa. Se a venda não acontece, nada mais acontece.

Por outro lado, é importante ampliarmos nosso olhar para o conceito de vendas.

**Afinal, o que é vender?**

Para compreender o que é vender, faz-se necessário, entender antes o que não é vender. Vender não é manipular, enganar, empurrar, perseguir, ou até mesmo chatear. Essa antidescrição (se é que essa palavra existe) pode parecer um exagero, mas, infelizmente, é assim que muitos clientes enxergam vendedores e, pasmem, é assim que muitos vendedores ainda se enxergam.

Isso explica porque muitos não gostam de abordar clientes, sejam nas próprias carteiras, ou no processo de abertura de novas contas. A sensação para alguns é de *estou incomodando*, *invadindo* etc.

Na contramão dessa perspectiva, e no sentido da evolução do que é vender e do que é ser um Vendedor ou uma Vendedora (com

V maiúsculo) a clareza sobre o IMPACTO daquilo QUE se vende para QUEM se vende é o ponto da virada.

Produtos e serviços existem para resolver problemas ou realizar sonhos. Eles atendem algum desejo ou necessidade (existente ou latente). Produtos e serviços existem para promover mudanças, seja na vida pessoal, num negócio, num processo ou numa relação. Para que problemas sejam resolvidos, sonhos sejam realizados, melhorias sejam implementadas é preciso reconhecer os desafios do cliente e conectá-los às suas soluções.

Vender é CONECTAR.

Vendedores são o elo dessa conexão e, para que ela aconteça é preciso abordar, ligar, escrever, existir!

Assim como nada acontece até que uma venda seja feita, a venda precisa ser feita e, como um processo lógico, toda venda tem começo, meio e fim.

A prospecção é um tipo de começo e, quando bem realizada, tem tudo para ser um excelente começo. O alvo está definido, uma estratégia foi desenhada, o time está preparado e a execução dessa etapa tão importante da venda é um fator crítico de sucesso da venda em si.

A Arte da Prospecção é um livro que certamente vai contribuir para revisão de paradigmas, clarificação de comportamentos chave e, principalmente, será um excelente instrumento para que seus leitores obtenham resultados consistentes com sua prática.

Zanutim e Martinelli possuem vasta experiência em vendas e a escolha desse tema para um livro em coautoria está alicerçada na sua porção mais vendedora: a capacidade de identificar a dor do cliente.

Prospectar é uma dor. Alguns não querem, alguns não se sentem estimulados a fazê-lo e muitos não sabem sequer por onde começar.

Reunir seus conhecimentos e *cases* nessa obra é CONECTAR entregando uma solução completa para aqueles que desejam começar suas vendas em alto nível, prospectando com maestria.

Num dos capítulos desse livro, você encontrará os Pês que podem estar te bloqueando na execução da prospecção. Fazendo um adendo a esse capítulo, deixo aqui uma singela sugestão de outros 3 Pês que te ajudarão a abrir novos clientes:

- Prepare-se lendo esse livro
- Personalize sua abordagem utilizando as técnicas desse livro e
- Prospere nas vendas colhendo os frutos da Arte da Prospecção.

Excelente leitura.

**Carol Manciola**

*Carol Manciola é autora do best seller Bora Bater Meta e de Coragem e mais alguns Cês da Vida. CEO da Posiciona Educação e Desenvolvimento, empresa especializada em treinamentos de vendas que foi recentemente adquirida pela Crescimentum.*

# INTRODUÇÃO

A ação de prospectar novos negócios em vendas é tão essencial para os negócios quanto a função do coração para o corpo humano. Uma empresa — de qualquer tamanho — precisa de novas vendas para manter o fluxo de entrada de faturamento e lucratividade para sustentar a operação e garantir a longevidade da organização. O coração bombeia o sangue para manter o fluxo de oxigênio e nutrientes para diversas partes do corpo. Sem prospecção, não há vendas. Sem o coração, não há vida. Portanto, buscar novos negócios, seja de clientes atuais, seja de clientes novos, é a base e essência da venda e sucesso dentre os processos comerciais.

Prospecção é o principal caminho para aumentar exponencialmente o volume de negócios de produtos e serviços.

Apesar de ser uma atividade básica para vendas, prospectar dá trabalho, e muitos vendedores não querem fazer prospecção, mas desejam resultados imediatos, bater as metas, ser reconhecidos e ganhar uma remuneração cada vez melhor. Parece aquela pessoa que quer ficar com um corpo sensacional, com barriga tanquinho, mas não faz abdominal e não quer ir à academia. Aí fica difícil, concorda?

Atualmente, muitos profissionais da área comercial (vendas) estão deixando de lado o básico, que é fazer uma análise de mercado, identificar potencial de clientes, preparar abordagem comercial, elaborar propostas e obter mais entradas de novos negócios. Enquanto isso, esses mesmos profissionais usam frases populares de especialistas em vendas como tábua de salvação, como se a intenção e o pensamento positivo fossem suficientes para conseguir resultados surpreendentes. Assim, as frases de efeito e as orientações equivocadas de novos gurus da internet que surgem todos os dias acabam desestruturando equipes, líderes e setores.

Tais conselhos equivocados garantem que prospectar (buscar novos prospects de forma proativa) não funciona mais, portanto, a deturpação das novas orientações está influenciando a nova geração de vendedores e vendedoras. Afinal, fazer o trabalho duro de prospectar e criar oportunidades de vendas é para profissionais que entendem que o caminho árduo do sucesso começa com trabalho, disciplina, empenho e mais competências técnicas e comportamentais para alcançar seus objetivos.

A pergunta que não quer calar é: o que fazer quando os "gurus" contemporâneos alegam que o jeito de "antigamente", que sempre gerou vendas, se tornou ultrapassado e não funciona mais? Como agir quando os especialistas dizem que pegar o telefone e entrar em contato com a lista de clientes e contatos é perda de tempo, já que as mensagens de WhatsApp, scripts de e-mails, mensagens automatizadas, fazer publicações e comentários nas redes sociais são estratégias de negócios bem-sucedidos com ótimos resultados! O que fazer quando eles alegam que o *Social Selling*, a venda social que desenvolve relacionamentos por meio de plataformas digitais, é o jeito mais efetivo de prospectar, mais do que a prospecção tradicional. É preciso sair dessa dualidade "ou isso ou aquilo", um certo e outro errado. O *Social Selling* funciona e é bem aplicado com sucesso em muitos negócios. E a prospecção usando telefone, e-mail e reuniões também funciona.

Embora as estratégias de marketing digital sejam importantes para vendas, muitos vendedores e vendedoras preferem acionar o "botão modo fácil", e não obtêm os mesmos resultados daqueles vendedores e vendedoras veteranos que prospectam diariamente, ou seja, atingindo suas metas.

Somando todos os anos de experiência na área comercial que temos, e considerando a realidade atual, de um mundo empresarial que conecta clientes e empresas, podemos afirmar que não existe outra estratégia de negócio tão eficaz quanto a prospecção efetiva.

Há grandes celebridades de vendas que aplicam a "arte da prospecção", ou seja, são vendedores e vendedoras que assumem a responsabilidade pessoal de identificar e criar suas próprias oportunidades de vendas, não esperam o pedido do cliente.

Quando a empresa e o profissional de vendas não estão conseguindo atingir as metas e o melhor potencial, não significa necessariamente que os profissionais de vendas não sejam capazes ou não tenham habilidade para sondar, realizar questionamentos assertivos e conduzir o processo de atendimento ao cliente para fechar vendas de um jeito eficaz. Pode-se compreender que a situação acima é adversa, que não gera mais negócios, mas a venda não ocorre por diferentes razões. A falta de prospecção é um dos fatores de maior impacto, segundo nossa experiência profissional, que ultrapassa 60 anos de mercado.

A arte da prospecção não só funciona como também é o jeito mais rápido e bem-sucedido de iniciar conversas, preencher o funil de vendas e aumentar significativamente suas possibilidades de vendas, agindo com mais rentabilidade e aproveitando melhor o potencial do seu portfólio de soluções no mercado.

Nós conhecemos a prospecção porque praticamos, aprendemos por meio de diversos cursos e livros e ensinamos em treinamentos customizados para centenas de empresas notáveis, como: BASF, Coca-Cola FEMSA, Claro, iFood, Sandoz, Itaú, Santander, Bradesco, EMS, Via Varejo, Mercado Livre, Microsoft, IBM, ZEISS, entre tantas outras empresas que confiam em nosso trabalho. Ajudamos centenas de organizações a fim de acelerar o desempenho de milhares de seus vendedores. Neste livro, você perceberá que será desmistificada a ideia de prospecção, ou seja, não é estratégia do passado e, em cada capítulo, você aprenderá uma abordagem diferente sobre a Arte da Prospecção, desde como prospectar, o que fazer (e como fazer), até entender a estratégia de como o foco na alta performance gera resultados crescentes.

Vendas é a força transformadora do meio empresarial, por isso é fundamental saber como garantir reuniões para novos insights, descobertas e consultas, conversas e ligações com clientes potenciais, seja para tomada de decisão, seja no contato com influenciadores, que participam do processo decisório.

É imprescindível compreender o momento certo para utilizar as estratégias de marketing, as redes sociais e os canais de comunicação nas plataformas.

Se você é um profissional de vendas, líder de equipe comercial ou empreendedor e está em busca de novos objetivos para atingir metas, este livro será um guia definitivo para o sucesso em sua carreira profissional de vendas.

Neste livro, você aprenderá a gerar oportunidades de novas vendas de forma consistente e com ótimo retorno de todo o seu trabalho. Reunimos muitos conselhos práticos e aprendizados que compartilhamos com milhares de profissionais de vendas.

Após ler este livro, nunca mais você será o mesmo profissional. Esqueça as desculpas que o acompanharam até agora, como o mercado está difícil, o concorrente está vendendo mais barato, o cliente já tem um fornecedor, nossa marca não é tão conhecida, e outras tantas que já foram usadas.

Durante a leitura você compreenderá todos os meios disponíveis para prospecção: e-mail, venda social, telefone, mensagem de texto, WhatsApp, networking, redes sociais, indicações, prospecção presencial etc. E entender todo esse universo de possibilidades ajudará você a criar um amplo leque de oportunidades de novos negócios.

Ao seguir a metodologia deste exemplar, seus resultados serão mais positivos e lucrativos.

Contudo, convidamos você a retornar ao básico e colocar em prática a arte da prospecção.

Boa leitura!!

*Claudio Zanutim e Renato Martinelli*

# PROSPECÇÃO - A BASE DAS VENDAS

Sua empresa pode existir há décadas, possuir marcas consolidadas e muitos clientes no seu cadastro; seu negócio próprio pode estar começando agora, nos primeiros passos no segmento; ou sua empresa pode ser uma startup com uma proposta de negócio inovadora; ou pode existir há algum tempo, buscando consolidação de mercado; independentemente da sua posição, nenhuma empresa sobrevive sem vendas. O resultado das suas vendas dependerá da qualidade, da potência e do alcance que seu processo de prospecção irá gerar para seu faturamento e lucratividade.

Se a solução criada para atender as necessidades dos clientes é nova, precisa rapidamente encontrar clientes para alcançar o negócio e aumentar seu faturamento.

Se a oferta de produtos ou serviços já existe no mercado, a alta liderança da empresa colocará metas ainda mais desafiadoras de vendas para o time comercial. Para atingir esses objetivos, invariavelmente será preciso vender para mais clientes.

Novos clientes e novos negócios movimentam o faturamento da empresa e, desta forma, as vendas movimentam o crescimento saudável da organização.

Lembra da analogia que fizemos na Introdução, comparando a prospecção com o coração? Então vamos avançar na reflexão.

Se o coração bombear o sangue poucas vezes, o risco de morte é enorme. O corpo humano precisa de sangue, oxigênio e nutrientes o tempo todo para manter-se vivo, saudável e em crescimento.

Se a prospecção de novos negócios for feita algumas vezes, pode até trazer resultados imediatos, mas, sem continuidade, sua empresa não terá novos negócios, e com queda de faturamento, seu negócio corre o risco de falir. A empresa precisa de faturamento, lucratividade e clientes para manter-se viva, financeiramente saudável e em crescimento. Prospecção precisa de constância e disciplina, não pode ser uma ação isolada, precisa ser um processo empresarial.

Nesse cenário, encontramos uma figura central que deve conhecer muito bem o mercado e os clientes potenciais, saber desenvolver abordagens comerciais adequadas para cada tipo de cliente, compreender seus desafios para propor soluções customizadas, oferecer uma experiência memorável de atendimento e gerar os resultados esperados por clientes e empresa: os vendedores e as vendedoras.

## As diferenças de vendedores e vendedoras competentes

**Prospecção de Negócios**

Bons, ruins, intermediários, competentes, excelentes: há muitos adjetivos positivos e negativos que podemos atribuir aos vendedores e vendedoras de todos os tipos e perfis que são encontrados nas organizações de todos os segmentos de mercado. Vendedores e vendedoras júnior, pleno e sênior: alguns são consistentes, outros são "destaques" que se acham muito mais e não entregam resultados. Há também vendedores e vendedoras que chamaremos de forma bem carinhosa como "competentes", aqueles que as empresas investem bastante para identificar, recrutar, imitar e manter conhecido como vendedores e vendedoras cobiçados e cobiçadas, pois geram mais de 60% das vendas.

Sendo assim, vendedores e vendedoras de destaque positivo ganham mais do que os demais, portanto levam para casa no final do mês quase todas as comissões e bônus oferecidos. Estes ganham todas as campanhas de viagens, prêmios, reconhecimento, folgas abonadas e gorjetas, benefícios que são desejados pelos demais profissionais da área comercial.

Os vendedores e vendedoras de alto desempenho não são como os "convencidos", que levam fama, contudo, não duram muito tempo devido à falta de consistência. Os melhores profissionais de vendas são populares, às vezes invejados, e servem de exemplos, pois produzem resultados mês a mês e tendem a ficar no topo das vendas todo ano.

Cerca de 9 a cada 10 vendedores aspira desesperadamente o segredo de estratégia de vendas que o fará conseguir estabilidade, consistência e uma conta bancária com muito mais dinheiro por meio das vendas, mas será um sonho distante porque fica no desejo, não se transforma em ação.

Mas, afinal, qual é o segredo guardado a sete chaves que somente os vendedores e vendedoras competentes, chamados de elite da empresa, conhecem e aplicam?

A trilha que leva ao êxito em vendas de nível de maior destaque é aparentemente simples. Trivial, simples e típico, mas nada fácil. É um antagonismo básico: uma verdade brutalmente absurda que pode fazê-lo rir. Tão óbvia que se tornou invisível. Um fato que deixa muitos vendedores e vendedoras frustrados, por ser tão óbvio, levando muitos profissionais inteligentes, talentosos e espertos a jamais conseguirem superar aqueles funcionários que são exemplos. Consequentemente, há empreendedores que quebraram devido à falta de vendas gerada pela ausência de planejamento e prospecção de clientes constante.

Sabe qual o segredo dos vendedores e vendedoras de destaque que os separam dos outros, e por que eles ultrapassam o desempenho dos demais vendedores consistentemente?

Porque sabem a **CHAVE** do sucesso na arte da prospecção:

**Conhecimento**

- Conhecem bastante sobre a história da empresa, sua missão, visão e os valores da marca que representam;
- Entendem muito sobre os produtos e serviços que oferecem, assim como os dos concorrentes, e sabem como traduzir sua oferta em solução para as necessidades dos clientes;
- Dominam assuntos relacionados aos seus clientes, seus concorrentes e seu mercado de atuação;
- Sabem como administrar o processo de vendas de sua empresa, como funcionam os procedimentos internos e os detalhes do seu sistema de vendas; e
- Têm experiência profissional e visão estratégica de negócios.

### Habilidades

- Vendedores e vendedoras brilhantes são ótimos em vender. Eles têm talento e as habilidades que fazem a diferença nas vendas, nos negócios e na transformação de clientes em fãs;
- Sabem fazer a abordagem adequada para cada perfil de cliente;
- Conseguem identificar as pessoas que são influenciadores e decisores nos clientes, para desenvolver conversas estratégicas com cada público;
- Realizam levantamento de necessidades por meio de perguntas assertivas para conseguir informações relevantes para o negócio;
- Criam e executam apresentações vitoriosas, com recursos visuais sofisticados e adequados;
- Sabem usar bem as estratégias e táticas de influência e negociação;
- Conseguem superar as objeções, usando o momento para fortalecer sua proposta de valor agregado ao cliente; e
- Fecham negócios de excelência.

### Atitudes

- São competitivos, determinados e proativos;
- São implacáveis, prospectam constantemente;
- São obcecados por manter o funil de vendas cheio de clientes potenciais;
- São protagonistas, assumem a responsabilidade para si próprio; e
- Tem iniciativa e trabalham com autonomia.

**Valores**

- Possuem ética, jogam limpo e não burlam as regras;
- Não se envolvem em práticas ilícitas e ilegais, como pagamento de propina, além disso, não oferecem benefícios pessoais aos compradores;
- Entendem quando há conflitos de interesses e não seguem adiante com situações inadequadas; e
- Têm valores pessoais alinhados com os valores da empresa em que atuam.

**Emoções**

- Ativam sua inteligência emocional, resiliência e força para lidar com os diversos desafios da profissão de vendas;
- Possuem autocontrole emocional para gerir conflitos com clientes internos e externos;
- Conseguem ter empatia em seus relacionamentos comerciais, colocando-se no lugar de seus clientes para compreender suas adversidades e demandas;
- Utilizam a comunicação não violenta nas interações, reconhecendo as necessidades e propondo um diálogo adequado, respeitoso e empático; e
- Desenvolvem a autogestão das emoções para fortalecer uma mentalidade de crescimento e atitude vencedora.

Talvez você pense: "Mas existem tantos outros vendedores e vendedoras com esse perfil?" É verdade! Diversos vendedores e vendedoras têm essas qualidades, são determinados e ávidos pelo sucesso. Esses vendedores e vendedoras com inteligência emocional elevada, talento e formações para ter a melhor performance são habilidosos, competitivos, entendem o processo do início ao fim, se dedicam a aprender mais sobre a área e sabem fazer acontecer. Ainda assim, os resultados deles são inferiores aos dos vendedores e vendedoras competentes.

Essa questão é o que faz inúmeros funcionários franzirem a testa, estranharem os resultados e se questionarem sobre como podem gerar resultados tão surpreendentes todos os anos? Fazem perguntas sobre o motivo de não conseguem ter os mesmos resultados, já que às vezes entram mais cedo e ficam até mais tarde, diminuem o horário de almoço e se aplicam para estudar e se dedicar mais do que os vendedores brilhantes.

Esse é um motivo de preocupação e frustração para muitos gerentes, pois, no processo de contratação, quase todos falam que são ótimos, mas, ao longo do tempo, não entregam o que prometeram na entrevista de trabalho. Sendo assim, a questão não é voltada para a responsabilidade da área de Recursos Humanos, entendemos que são os líderes da área de vendas que definem os perfis dos novos contratados. RH é parceiro, mas a decisão final é da liderança comercial.

Muitos pesquisadores tentam decifrar esse dilema, e acreditam que, por meio de estratégias diferenciadas, transformarão seus vendedores e vendedoras em número 1 do ranking de vendas, motivo pelo qual são consumidos.

Profissionais como presidentes, CEO's e líderes de vendas estão em constante aprimoramento de estratégias e buscando conhecer e implantar as tendências de mercado em seus negócios. Será que os vendedores e vendedoras que ficam olhando para seus colegas que são melhores têm se reciclado? Quanto tempo dedicaram nos últimos meses ao estudo, como fazer um curso, ler livros, estudar o mercado, pesquisar sobre o segmento do cliente?

Profissionais de alta performance em prospecção são capazes de prospectar na fila do pão na padaria, enquanto tomam um café no barzinho da esquina, enquanto esperam sua vez na recepção do consultório médico. Não importa o lugar e a hora, pois estão constantemente garimpando a próxima oportunidade de negócio. Prospectam dia e noite, estão sempre ligados, ativos, abertos e, por fim, obstinados. As pessoas ao redor não os entendem... Acham que os vendedores e vendedoras brilhantes são exagerados, insuportáveis e gananciosos por nunca pararem de revirar as pedras em busca de oportunidades de negócios, mas eles não se importam com as críticas e continuam seguindo seus instintos.

Influenciados pelo forte entusiasmo em gerar novos negócios e vendas, consideram a prospecção uma "filosofia de vida", pois entendem que vendas movem o mundo. Eles prospectam por e-mail, telefone, redes sociais, canais de comunicações, aplicativos de mensagens e networking; pedindo recomendações; indo de porta em porta; divulgando seus serviços e produtos; puxando conversa com estranhos; ministrando palestras; fazendo apresentações ao vivo pela internet; realizando workshops, webinars, consultorias e apresentações extraordinárias; seguindo novidades; e visitando feiras, congressos e eventos que lhes sejam favoráveis.

Vendedores e vendedoras elites não inventam desculpas, nem deixam pensamentos negativos os consumirem, como: "Não é uma boa hora para ligar, pois devem estar almoçando". Não desanimam se o cliente não retorna seus contatos (visto que é comum acontecer), não são medrosos, nem têm receio de ouvir "não" (sabem que são ócios do ofício), não procrastinam com a justificativa "Agora estou sem tempo", "amanhã coloco em dia". Vendedores e vendedoras neste perfil prospectam mesmo quando "o mar não está para peixe" (é justamente em dias assim que os pescadores persistentes encontram os melhores peixes, quando o mar está vazio de concorrentes).

Em dias bons, prospectam porque entendem que dias ruins podem chegar, na chuva ou no Sol estão sempre prospectando, pois sabem que ter uma rotina diária de prospecção é uma questão de sobrevivência. Prospectam mesmo quando não estão com vontade, ânimo ou coragem, como ir à academia treinar naqueles dias em que o corpo pede a cama.

Esse perfil de vendedor e vendedora está sempre preparado(a), jamais são pegos de surpresa. Por isso, puxam conversa com desconhecidos enquanto esperam na fila do banco, na recepção de uma empresa, na sala de espera de uma reunião, em eventos esportivos, nos elevadores, nos aviões, nos trens e em outros meios de transportes. São profissionais que acordam cedo, não fazem corpo mole, pegam o telefone e fazem dezenas de ligações.

Na média, usam cerca de duas horas por dia para visitar o cliente em potencial, ir de porta em porta, prospectar por mensagens de texto, WhatsApp, redes sociais, e-mails, e tudo mais que lhes estiver disponível.

Separam 30 minutos para ficar on-line e acionar a prospecção em mídias sociais, pois carregam a mentalidade campeã de que devem treinar enquanto os outros dormem, estudar enquanto os demais se divertem e persistir enquanto os concorrentes descansam, com a finalidade de viver o que eles sonham. Por isso, antes de encerrar o dia, dedicam seu tempo em *lives*, transmissões ao vivo de uma pequena apresentação, bate-papo, conversa informativa sobre seu segmento ou leitura de um artigo ou livro.

O mantra de vendedores e vendedoras de alta performance é: "mais uma prospecção".

Parece loucura para quem não vive no universo das vendas, mas prospecção é como o ar que respiram. Eles não ficam analisando o mercado para saber se devem ou não telefonar, entrar em contato, se fazer lembrado, nem ficam choramingando as faltas de oportunidades, pelo contrário, em suas mentes, a crise é uma ótima oportunidade de CRIAR.

Não são vendedores e vendedoras que ficam reclamando por não terem indicações, que se escoram na máquina de café e esboçam suas frustrações por não terem realizado nenhuma venda nas últimas semanas. Não se comportam como perdedores, culpando o produto, o gerente, a empresa ou o governo atual por seus resultados em vendas... Eles se movem! São profissionais que trazem a responsabilidade para si, e por meio do trabalho árduo criam a própria sorte e saldo bancário.

Esses vendedores e vendedoras sabem que os baixos resultados em vendas não são causados por déficit de talento, capacidade ou conhecimento, tampouco por falta de treino ou habilidade.

Sabem que não tem a ver com a região de atuação que cuidam ou que o produto é inferior, o único motivo pelo qual a maioria dos vendedores e vendedoras fracassam em vender é não ter um fluxo de entrada de novas propostas – oriundas mais da prospecção do que de qualquer outra coisa.

A arte da prospecção é um estilo de vida tão simples que muitos ignoram por esse motivo, ou preferem acreditar que o motivo do verdadeiro sucesso em vendas está em seguir modismo, ouvir técnicas que não se aplicam e levá-los para o sucesso de pouco esforço. Precisamos voltar ao básico!

## A busca pelo caminho mais fácil

Se alguma vez você jogou videogame, bem sabe que, em alguns jogos, nós podemos escolher o nível de dificuldade que desejamos jogar com a finalidade de passar de fase. Não é novidade que muitos de nós escolhemos o nível fácil, isso porque somos acostumados a desejar sempre conquistas sem esforços.

Desejamos eliminar o peso sem precisar malhar, comer o que quisermos sem engordar, trabalhar algumas horas por semana e ter uma conta bancária de seis dígitos, além de ganhar dinheiro dormindo, como alguns prometem.

Pense bem! Se essas publicidades não funcionassem, as empresas de marketing que as criam iriam à falência, mas não é isso que acontece, certo? As propagandas desse gênero cada vez mais ganham seguidores. Acredite, pois especialistas garantem que o modo fácil é a onda de marketing do momento. É por isso que frases como: "fique rico sem trabalhar", "perca 15 quilos em sete dias" ou "tome esse chá e tenha o amor dos seus sonhos" ainda movem multidões. Ainda que, intuitivamente, nós saibamos que tais promessas são falsas, mesmo assim queremos a saída fácil.

É surpreendente observar vendedores e vendedoras que selecionam o modo de dificuldade nível I quando têm capacidade para níveis mais complexos. Por algum motivo (vitimismo, quem sabe), eles tendem a acreditar que alguém lhes deve algo (seus pais, seu chefe, sua empresa, seu governo...). Por isso, vivem a reclamar esperando alguém que os salve. São vendedores e vendedoras que acreditam que vender é uma carga horária que funciona das 9h da manhã às 16h, que há dias de folgas e jamais deve ser interrompido em horários fora do expediente. Nada disso!

Vendedores e vendedoras brilhantes sabem que precisam se mexer e levantar do sofá e fazer acontecer. Sabem que precisam pegar o telefone, ir às portas, apresentar-se e trabalhar para conseguir as vendas. Não existem pausas longas para almoço ou dias de folga do tipo "eu mereço" sem esforço. Vendedores e vendedoras de destaque estão almoçando e fechando negócios, vendendo para mais um — tudo o que for necessário para vencer!

Nessas horas, chove gente criticando essa ideia, alegando que trabalhar dessa maneira faz mal para saúde, que renunciar a tempo para uma refeição e comer mais rápido para trabalhar é loucura e até mesmo que não vale a pena insistir. Mas somente o vendedor e a vendedora que se destaca sempre, conquista suas metas e tem comissões acima da média sabe o quanto vale a pena renunciar o irrenunciável.

Essa é a diferença entre dirigir um carro do ano ou um carro popular, poder comprar um apartamento na cobertura ou viver de aluguel, conhecer o mundo em viagens ou viver sem dinheiro para proporcionar conforto para a família e apenas trabalhar para sobreviver.

Trabalhando na área em que trabalhamos, não é incomum vermos vendedores e vendedoras reclamando, na verdade, que no universo das vendas sempre haverá reclamações. Sempre haverá percalços, líderes abusivos, gerentes ruins (que não sabem o que dizem ou como administrar), clientes arrogantes, hostis, mal-educados, muitos desafios, metas altas, mudanças nas comissões, haverá também alguém dizendo NÃO. Sempre teremos rejeições, trabalho duro (que ninguém queira se submeter), estresse, dúvidas, medo.

Mas você tem duas opções, ou seja, pode aceitar a situação e já se definir como um derrotado ou ir "para a luta da prospecção". Os resultados serão apenas seus.

Na arte da prospecção, é fundamental que você desperte do delírio de que vai conseguir tornar a atividade mais fácil e prazerosa. Não, não vai! O fato é que prospectar é chato, trabalhoso, sabemos disso. Assim como as abdominais, mas deixam sua barriga definida.

A premissa para criar um fluxo de novos clientes é aceitar o fato de que a prospecção pode ser desafiadora, mas que não existe outro caminho de sucesso em vendas. É como tomar banho no inverno quando não se tem um bom aquecedor. Você precisa fazer.

Além disso, afaste a necessidade emocional de encontrar um jeito fácil, um nível menos complicado. Compreenda que esse processo de prospecção é trabalhoso, mas é o segredo dos vendedores de elite. Mais simples do que imaginava, não é mesmo? Por isso, muitos desistem.

## Subindo o nível da conversa

Assumir a dificuldade é um dos comportamentos que a maioria das pessoas não adota, já que é mais fácil culpar alguém ou simplesmente se livrar da responsabilidade. Mas desenvolver uma mentalidade voltada à arte da prospecção começa em assumir que garimpar novos clientes é uma tarefa difícil, mas recompensadora.

Você possivelmente será rejeitado, ignorado, sabotado, deixado de lado, e é justamente por isso que a maioria dos vendedores e vendedoras não prospecta e permanece buscando soluções fáceis e fórmulas prontas, apostando na sorte. A maioria dos vendedores e vendedoras ignora a prospecção, escolhendo atalhos, dicas fracassadas e modismo de especialistas despreparados, até que seja tarde demais.

Se você está caindo em si ao ler cada linha deste livro, e deseja ter uma renda de vendedores e vendedoras de elite, deve encarar a realidade: prospectar é desconfortável, mas precisa superar isso. Para ter altos lucros, **você precisa prospectar**.

As técnicas que aprenderá a partir de agora irão torná-lo um prospector realista. Não prometemos o caminho fácil, o atalho, mas vamos ensiná-lo tudo o que sabemos sobre prospecção, para você saber como construir e manter o processo que o levará a patamares maiores.

Você conseguirá o retorno mais elevado enquanto investir tempo em prospecção. Aprenderá a equilibrar o garimpo de novos clientes por meio das diversas metodologias que lhe ofereceremos em cada capítulo. Saberá como lidar com clientes potenciais, encher sua *pipeline* de vendas, aumentar seus resultados, abrir portas que sempre imaginou que estivessem trancadas e, por último, mas não menos importante, fechar as vendas tão sonhadas.

As técnicas que apresentaremos eliminam a rejeição, deixa a prospecção mais leve, indolor e divertida, quebrando bloqueios mentais que levam ao adiamento do garimpo.

Não vamos prometer um caminho fácil, nem que agora sua vida vai mudar da noite para o dia, nada disso. Mas, se você aplicar uma rotina de prospecção assertiva, com estratégias efetivas e metas competentes, desenvolverá mais coragem, mais inteligência emocional diante dos nãos, e aceitação de que essa empreitada exige trabalho duro, pegar o telefone, aproximar-se de desconhecidos, usar as mídias sociais, vencer a própria preguiça e desculpas, escolhendo agir e adotando uma nova cultura de prospecção. Eis a verdade "nua e crua" que você deve saber. Por fim, garimpar novas vendas por meio da prospecção é um trabalho exigente e emocionalmente esgotante, e esse é o preço que você terá que pagar para se tornar um vendedor elite. Aqui o papo é reto! E aí, vamos subir o nível de dificuldade e entender como fazer a prospecção que funciona ou vai desistir como um vendedor(a) fracassado?

Se você escolher a primeira resposta, siga em frente na leitura.

# PROSPECTAR OU NÃO, EIS A QUESTÃO

Em certa ocasião, eu estava treinando um grupo de vendedores e vendedoras que, na semana seguinte, deveriam contatar uma enorme lista de *mailing* a fim de reativar clientes inativos. Para isso, a empresa optou por contratar vendedores e vendedoras inexperientes para fazer as ligações. No decorrer do treinamento, notei que estes eram obcecados por aprender o jeito certo de realizar um contato, entender o funcionamento perfeito dos métodos e estratégias e conhecer profundamente os processos, mas, na hora de contatar, nada acontecia.

O grupo queria ter certeza de que estava tudo alinhado, mesmo sem ao menos pegar no telefone. Por mais treinamento, dicas e instruções que recebessem, ainda assim se sentiam hesitantes e perturbados por precisar contatar (telefonar, enviar e-mail, mensagem no WhatsApp e redes sociais) e interromper o cliente. Por isso, sofriam planejando sem agir.

O mais intrigante é que não se tratava de contatos com clientes estranhos. A instituição estava contatando clientes que fizeram negócios com a organização no passado. Existia uma história juntos. Neste caso, o índice de rejeição era baixo. Na realidade, os contatos não passavam de lembretes cordiais de que a empresa estava disponível para atender qualquer necessidade do cliente. No entanto, ainda assim, a equipe de vendas demonstrava enorme ansiedade, medo e inquietação, preferindo contatar clientes desconhecidos e realizar a prospecção fria do que ligar para os tais clientes inativos.

Naquele momento, eu — que já levei várias "porradas", que já ouvi muito "passa amanhã, hoje não", que já interrompi vários clientes potenciais que não esperam a minha ligação, meu e-mail ou meu contato de qualquer ordem — fitei agressivamente a lista, peguei o telefone e disquei os números. Os clientes que me atenderam foram todos receptivos. E, ao invés de ficarem irritados e ignorarem o contato, reservaram um tempo de uma conversa comigo na semana seguinte. Assim, mostrei ao grupo que existe um método infalível: a regra dos números, conhecida como 1 em 10, que será evidenciada a seguir.

## #A Regra dos Números

Prospectar não é uma questão de sorte, mas de trabalho duro. Essa ideia de que "eu não nasci para vender" é balela quando aplicamos a regra dos números. Em linhas gerais, a regra diz que você deve praticar insistentemente uma ação para obter uma proporção.

O pioneiro dessa técnica, Jim Rohm, compara esse método com as famosas tacadas de Baseball: as médias das tacadas certas. Você contata dez pessoas e ao menos um cliente dirá sim. Logo, dentre dez contatos, agendei uma reunião. Provei para a equipe o quanto os antigos clientes estavam prontos para comprar outra vez daquela empresa que representavam. Ou seja, entrei com contato com 10, e uma conversa estava garantida.

Prospectar não é um "bicho de sete cabeças", fitar a lista de clientes e contatá-la é simples: basta fazer. Não se trata de sorte ou dom, mas de ação. Depois que a equipe viu que era simples e interromper os clientes era necessário, e que começar uma conversa sobre vendas era mais fácil do que pensavam, eles tiveram resultados surpreendentes. As vendas aumentaram em poucas semanas e a equipe ativa cresceu ainda mais em sua base de dados.

A matemática não mente. Se você contatar 10 clientes, venderá para um. Se falar com 20 clientes, venderá para dois, e assim segue o processo de prospecção.

Porém, como disse antes, prospectar é uma tarefa que exige perseverança, pois ligar para 50 clientes e fechar cinco vendas é para os vendedores e vendedoras fortes.

Muitos profissionais de vendas, mesmo experientes, estão dando ouvidos aos "especialistas fanfarrões" e convencidos de que as chamadas frias não têm mais funcionalidade.

Sendo assim, por desistirem de abordagens desse formato, as organizações investem milhões em sites de afunilamento. Estratégias de marketing digital não sobrevivem trabalhando sozinhas, e as instituições investem milhões em listas de *mailings* que não atingem metas.

# #Chamada fria tradicional

A *cold call* (termo em inglês que significa "chamada fria") pode ser compreendida como contatar novos clientes potenciais com os quais o vendedor e a empresa nunca tiveram qualquer vínculo comercial antes.

Anteriormente, falamos bastante sobre a importância de interromper/atrapalhar um cliente que não espera seu contato, ligação ou mensagem, correto? Isso é chamada fria. É importante voltarmos ao básico e jamais nos esquecermos desses princípios, mesmo tendo ferramentas mais avançadas a nosso favor.

Durante a construção deste livro, lembrei que estava treinando algumas equipes com a finalidade de entrar em contato com uma lista de clientes que já faziam negócios de seguros automotivos com a empresa. O objetivo era simples: marcar uma conversa com o cliente e assegurar de que estavam dentro de toda a cobertura auto que a organização oferecia. O contato com o cliente era simples e de baixo impacto ativo. No entanto, as equipes apresentaram várias desculpas para não realizar as ligações. Alguns deles resmungavam: "Chamada fria? Tô fora!"

Expliquei-lhes que contatar um cliente que já faz negócio com empresa é muito mais fácil e familiar, além de ter mais probabilidade de que ele aceite a conversa e agende a reunião, em comparação a contatar clientes novos e desconhecidos. Continuei explicando que contatar clientes parceiros da organização não tem nada a ver com a chamada fria. Esta se tratava de outra condição. Após muita resistência, outra vez, mostrei "na raça" como fazer. Peguei o telefone, falei com dezenas de clientes fidelizados e agendei inúmeras vistorias.

E, para que não haja mais generalizações, chamada fria se trata de uma solicitação/prospecção de negócios com clientes em potencial que nunca tiveram contato prévio com o vendedor responsável pelo contato. É uma tentativa de convencer clientes em potencial a comprar o produto, agendar uma conversa ou adquirir um serviço oferecido. Falar com clientes já fidelizados não é chamada fria.

O fato é que, para prospectar, contatar e realizar ligações, não há segredo. Não precisa ter doutorado em comunicação, sorte ou ter nascido com o dom de saber falar. Basta contatar.

Enquanto escrevemos juntos, desenvolvemos vários conteúdos sobre motivos para vendedores e vendedoras investirem seu tempo telefonando, visitando e agendando reuniões presenciais.

Agora, pense por um instante: por que ligar se enviar um WhatsApp é mais fácil? Simples, quando o assunto é prospecção, não tem como acionar o modo fácil, já falamos disso. Aliás, eu não conheço nenhum vendedor de sucesso que atingiu o êxito pelo caminho fácil, e você?

Mais adiante neste livro, você aprenderá mais sobre como usar adequadamente todos os meios de comunicação disponíveis para venda, o que inclui: mensagens nas redes sociais, mensagens em aplicativos como WhatsApp e Telegram, mensagens de texto, networking, telefone, e-mail e prospecção presencial (porta a porta), além de outras plataformas.

Você pode até se questionar: "por que prospectar clientes é tão importante para o negócio? Minha carteira de clientes é extensa, preciso manter contato com todos diariamente, qual é a finalidade de expandir ainda mais minha rede?" Os prejuízos gerados pela ausência do projeto de prospecção são diminuição das vendas, queda no faturamento e até perda de clientes.

A arte de prospectar é semear todos os dias para colher resultados no futuro. Nem sempre o retorno da prospecção vem no curto prazo, mas o incremento de novos negócios será bem-vindo, especialmente quando a sua carteira de clientes apresenta uma forte queda de receita para seus negócios.

É importante que você aplique a prospecção não apenas como uma atividade que exerce quando tem tempo em sua agenda. Você deve tratá-la como prioridade. Incluir em sua agenda duas horas por dia (ou o tempo que determinar) para prospectar.

Não adianta ficar no campo do desejo: gostaria de vender mais, gostaria de atingir as metas, gostaria de aumentar meu faturamento, mas não agir em função disso.

## #Chamada fria 2.0

Após considerar as chamadas frias, percebi que telefonar para todos os clientes da forma tradicional trazia resultados, porém lentos. Cerca de um retorno a cada 10 ligações, como você viu na regra dos números. Desta forma, baseado nos estudos de Aaron Ross e Marylou Tyler na obra "Receita Previsível", decidi gerar mais oportunidades altamente qualificadas e adotei o que os autores nomeiam de chamada fria 2.0. Em outras palavras, significa utilizar processos e sistemas bem definidos para gerar novos negócios e *leads* de forma previsível. Eu precisava contatar os clientes de forma tradicional, mas também utilizar técnicas que multiplicassem os resultados.

Quando utilizamos apenas as ligações frias (sem as técnicas 2.0), demoramos muito para encontrar as pessoas que, de fato, tomam as decisões em vendas.

Pois bem, eis uma das maiores dificuldades na hora de prospectar: encontrar a pessoa certa, principalmente nesses *mailings* que as empresas compram. Nunca tive dúvidas de que os e-mails em massa para executivos não funcionavam sozinhos. Por isso, na hora de captar novos clientes, decidi trabalhar cada e-mail cuidadosamente e personalizá-lo ao final, como bem orientavam os autores de Receita Previsível.

Ao invés de escrever uma mensagem igual, fria e padronizada do tipo: "você tem algum problema como A, B ou C?", mudei e redigi um texto curto, diferente e bastante caloroso, pedindo indicações sobre a pessoa certa na empresa para que eu pudesse tratar de determinado assunto.

Ao pensar de forma inovadora, constatei duas lições. A primeira lição é jamais presumir nada. E a segunda é se jogar e experimentar essa técnica de chamada fria 2.0. Claro que eu fiz o teste!

O resultado foi que, de 300 e-mails enviados de maneira calorosa, recebi cerca de 18 respostas em minha caixa de entrada. Uau! Enquanto, no formato padronizado, o resultado foi zero. Nem a regra dos números funcionou com a mensagem padrão.

Em dois meses, após aplicar as chamadas frias 2.0, eu estava criando cerca de 40 oportunidades altamente qualificadas em vendas. Depois de descobrir essa estratégia, aplicamos essa cultura nos processos de prospecção e ensinamos a diversas empresas, profissionais, vendedores/vendedoras, e a você, como aplicar o melhor na hora de realizar as chamadas frias: realizar as chamadas frias 2.0 — enviar e-mails e solicitar de maneira gentil e calorosa o contato da pessoa responsável.

Você já entendeu que prospecção é o ar que o vendedor respira para vender, então... Vamos aprender logo como fazer isso de maneira assertiva?

Então, já que chegou neste estágio do livro, acreditamos que está pronto para uma conversa mais séria, sem pular etapas. Vamos em frente para aprender a arte da prospecção?

# PLANEJAMENTO NA PROSPECÇÃO

Quando pensamos em prospecção, devemos pensar em planejamento: "disciplina e medição", pois aquilo que não se mede, não se gerencia.

Quantas vendas você quer realizar por mês? Considerando a regra dos números, quantos contatos terá que realizar?

Logo, é importante medir a meta e trabalhar consistentemente os *leads/prospects* para que nunca ocorra falta de prospecção e sempre exista clientes para trabalhar no início do processo de vendas. No entanto, quais são os recursos que podemos incluir na prospecção? Como prospectar melhor dentro da sua realidade?

Analisando os seus recursos, a premissa de qualquer prospecção está em se questionar:

- Quais são os seus comportamentos de prospecção?
- O que depende de você para prospectar mais?
- O que tem impedido você de prospectar?

A questão aqui é: "o que está em suas mãos para fazer com os recursos que possui?"

Existem conceitos de perfis de vendedores e vendedoras para trabalhar a prospecção. Profissionais de vendas que buscam novos negócios em novos clientes são chamados de *hunters*, ou caçadores.

São os responsáveis por desbravar o mercado, ir à caça de novos clientes e trazer novos negócios para a empresa.

Também existem profissionais de vendas que buscam desenvolver novas possibilidades de negócios em clientes que já são atendidos pela empresa, já são clientes. Esses vendedores e vendedoras são chamados de *farmers*, inspirados no conceito do fazendeiro, que cuida da terra para semear, plantar e colher na mesma lavoura. Nesse sentido, o *professional farmer* deve cultivar relacionamentos comerciais para plantar possibilidades e colher mais negócios, aumentando a taxa de recompra e fidelização de clientes.

A partir desses dois perfis de profissionais de vendas focados em prospecção, Zanutim criou o conceito *Inside Fanter*, que basicamente é aquela pessoa que precisa fazer TUDO sozinha na hora da venda. Ou seja, buscar novos negócios com clientes novos e clientes atuais.

Muitas pessoas trabalham assim, principalmente MEIs (Microempreendedores Individuais), profissionais liberais ou autônomos. São profissionais que precisam: alimentar os *leads*; cuidar da base de e-mail, da prospecção, da qualificação, do atendimento e do pós-vendas; e acompanhar os pedidos e todos os processos da empresa, ou seja, um **Inside Fanter**.

Analisando os dias atuais, vemos que a crise está grave, principalmente com a pandemia de Covid-19, que impactou muitos comércios, empresas e profissionais de vendas.

Nesse contexto, muitos vendedores e vendedoras podem pensar: "Não temos tempo para prospectar. Se pararmos para prospectar, não terá tempo de vender, logo, se não vendermos, não teremos grana, e, se não tivermos grana, não conseguiremos pagar as nossas contas".

O problema é exatamente esse. Não adianta entrar nesse dilema. Sente-se e prospecte ao menos três vezes na semana: segunda à quarta-feira e sexta-feira, das 9h às 10h. Crie uma agenda com hora marcada para o início e fim na hora de prospectar. Nessa hora, ter um recurso de disciplina o ajudará a construir um plano de ação viável para sua realidade. O ideal é estipular a quantidade de horas que dedicará à prospecção em sua rotina. Não existe processo rápido e instantâneo. Mas é necessário disciplina e medição, depende somente de você.

Além disso, para obtermos uma prospecção que funcione bem para *hunters*, *farmers* e *inside fanters*, devemos considerar pontos elementares do planejamento:

**Infraestrutura** – O ambiente em que sua equipe (ou você) está realizando as suas prospecções tem tudo a ver com os resultados que andam tendo, com a concentração e disciplina que possuem. Para trabalhar em *home office* ou remotamente, como é a realidade de muitos vendedores/vendedoras em virtude da pandemia ou da filosofia de trabalho da organização em que atuam, é necessário ter um "espaço de paz" para realizar suas ligações, criar seus e-mails marketings, enviar mensagens, contatar e interromper alguém que não espera seu contato, seus áudios e seu convite. Um espaço reservado para atender a sua demanda de vendas e prospecção.

**Recursos Tecnológicos** – Trabalhar em casa tem sido a realidade de muitos vendedores e vendedoras. Desta forma, recomendamos investir em bons equipamentos eletrônicos, como um computador/notebook com funcionalidades adequadas para o trabalho; e ter uma internet de alta velocidade e um celular recente, com câmera de ótima resolução, para a hora de realizar reuniões on-line, lives, vídeos ou outras ações. Não se trata de um investimento só para parecer moderno, estamos tratando aqui de produtividade. Concorda que não dá para perder tempo e energia com celulares que acabam a bateria rapidamente, que não têm memória suficiente para comportar os aplicativos necessários que serão baixados, ou ficam travando. Além disso, é essencial possuir um pacote de internet e ligações ilimitadas, de modo a maximizar o desempenho de prospecção. Prestar atenção nesse fator é responsabilidade da empresa ou do profissional liberal.

**Acesso Pago a Serviços de Prospecção** – Para aplicar a disciplina na hora de prospectar, talvez seja necessário investir mais e se tornar Premium do LinkedIn, podendo utilizar a ferramenta Ramper Prospect, que permite acesso a clientes de elite e seus respectivos e-mail, por exemplo. Vale a pena pensar em outras ferramentas, como Google, Facebook e Instagram. Na hora de prospectar vale tudo.

**Material de papelaria** – Recomendamos que tenha um espaço com bloco de anotações, *post-its*, agenda, calculadora, um livro que o auxilie, uma mesa (mesmo que pequena) com o mínimo de material que necessita.

Em suma, construa um plano de ação baseado em uma disciplina de prospecção que funcione. Você precisa dar um tiro certeiro e atingir um público elite, e isso será possível por meio da prospecção, da disciplina e da mediação.

## Matriz da prospecção

Como o bom vendedor de enciclopédia que Zanutim foi no início da carreira, era preciso fazer uma lista sobre a matriz de prospecção e os planos antes de sair para o ataque, já que a venda acontecia de porta em porta naquela época. Com a prospecção na veia, diariamente saía para fazer negócios, com base nas ferramentas que verá a seguir, e não retornava sem antes vender ao menos uma enciclopédia. Nessa árdua escola, aprendeu várias ferramentas, que consideramos antigas, mas não velhas. Inclusive, é importante saber que "o antigo é diferente, nunca velho". Essas estratégias ainda funcionam intensamente.

A prospecção pode ser comparada ao topo de um funil. Para que continue gerando novas vendas, é importante continuar incluindo prospectos nele. Desta forma, sempre teremos vendas ao final do funil. Se você parou de prospectar, certamente o seu funil vai parar de funcionar.

Na arte da prospecção, o vendedor deve utilizar a ferramenta, a forma e o jeito que estão disponíveis para maximizar a performance das ferramentas. Na matriz da prospecção, existem dois eixos principais:

1. O vendedor; e
2. A empresa, o serviço ou o produto que o vendedor representa.

Nos dois eixos existem: a produtividade, as ações e a potência da prospecção, que são as áreas em que o vendedor investe suas energias para obter mais resultados.

Todo vendedor deseja mais resultados, logo, ele precisa saber onde deve investir sua energia, tempo e recursos financeiros. O mais importante está em desenhar e definir dois pontos, são eles:

1. Os clientes que conhecem você e sua empresa;
2. Os clientes que não conhecem você e sua empresa.

Para que você possa visualizar melhor a matriz da sua prospecção, pegue um papel e desenhe uma tabela baseada no formato a seguir:

## Ferramenta
# Matriz de Prospecção

### PRIORIDADE #1
Conhece VOCÊ
Conhece Empresa, Produtos e Serviços
Índice **ALTO** de conversão

**QUEM:** Clientes Atuais / Ex-Clientes
**ONDE:** Mailing / CRM
**COMO:** Telefone / WhatsApp / E-mail

### PRIORIDADE #2
Conhece VOCÊ
Não Conhece Empresa, Produtos e Serviço
Índice **AVANÇADO** de conversão

**QUEM:** Clientes Atuais / Ex-Clientes
**ONDE:** Mailing / Indicação
**COMO:** Mensagem / Telefone / E-mail

### PRIORIDADE #3
Não Conhece VOCÊ
Conhece Empresa, Produtos e Serviços
Índice **INTERMEDIÁRIO** de conversão

**QUEM:** Clientes Inativos / Novos Clientes
**ONDE:** Mailing / Indicação / Redes Sociais
**COMO:** E-mail / Telefone / Redes Sociais

### PRIORIDADE #4
Não Conhece VOCÊ
Não Conhece Empresa, Produtos e Serviços
Índice **MENOR** de conversão

**QUEM:** Novos Clientes
**ONDE:** Indicação / Redes Sociais
**COMO:** E-mail / Redes Sociais

Eixo vertical: IMAGEM E HISTÓRICO DA EMPRESA, PRODUTOS E SERVIÇOS
Eixo horizontal: RELACIONAMENTO COMERCIAL

*Direitos Autorais Reservados (®) de Claudio Zanutim e Renato Martinelli – Material não pode ser reproduzido sem autorização prévia e menção dos autores.*

Você deve começar a preencher a sua lista a partir do modelo a seguir:

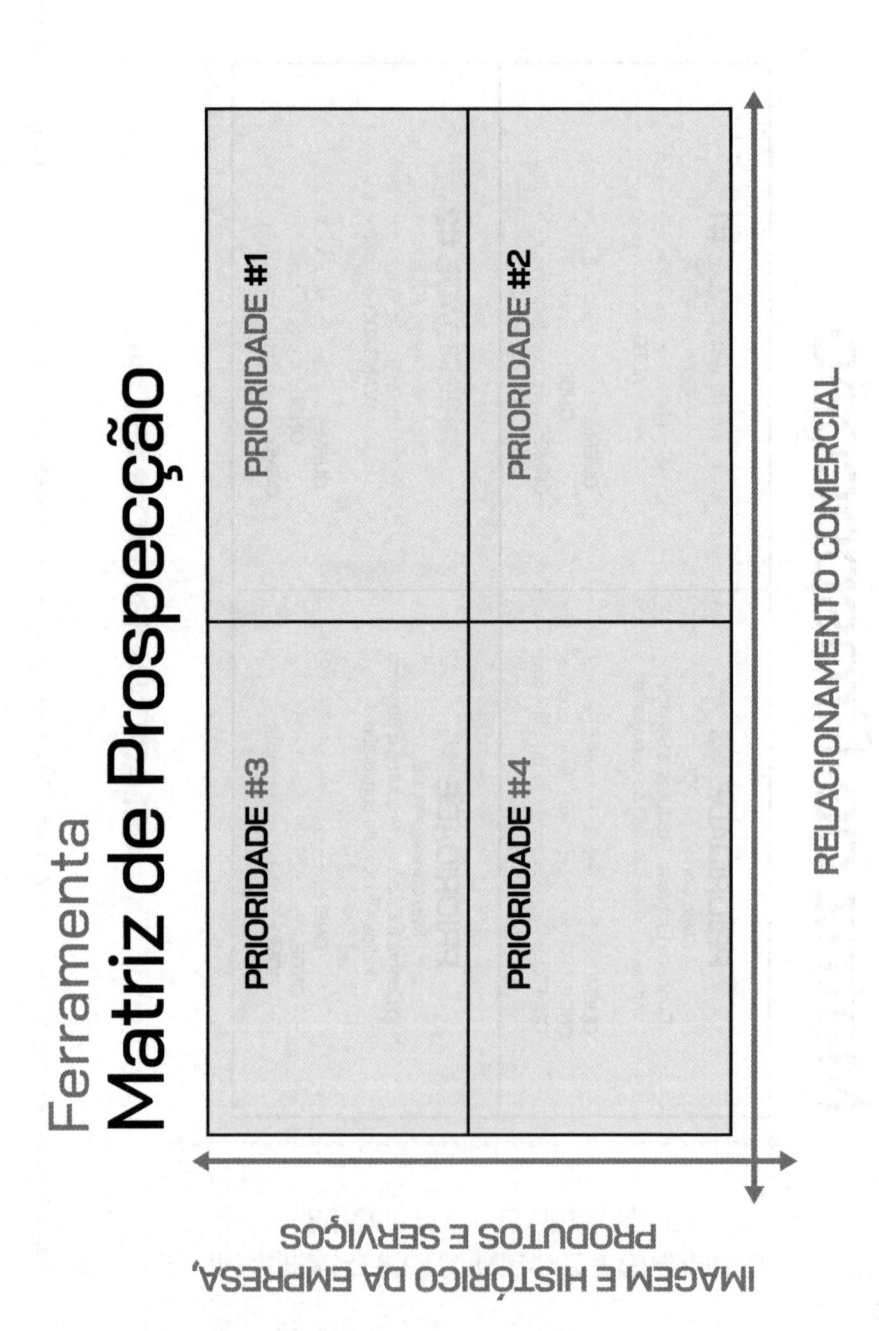

**Ferramenta**
# Matriz de Prospecção

|  | |
|---|---|
| PRIORIDADE #1 | PRIORIDADE #2 |
| PRIORIDADE #3 | PRIORIDADE #4 |

Eixo vertical: RELACIONAMENTO COMERCIAL
Eixo horizontal: IMAGEM E HISTÓRICO DA EMPRESA, PRODUTOS E SERVIÇOS

*Direitos Autorais Reservados (®) de Claudio Zanutim e Renato Martinelli – Material não pode ser reproduzido sem autorização prévia e menção dos autores.*

# Minha Matriz de Prospecção

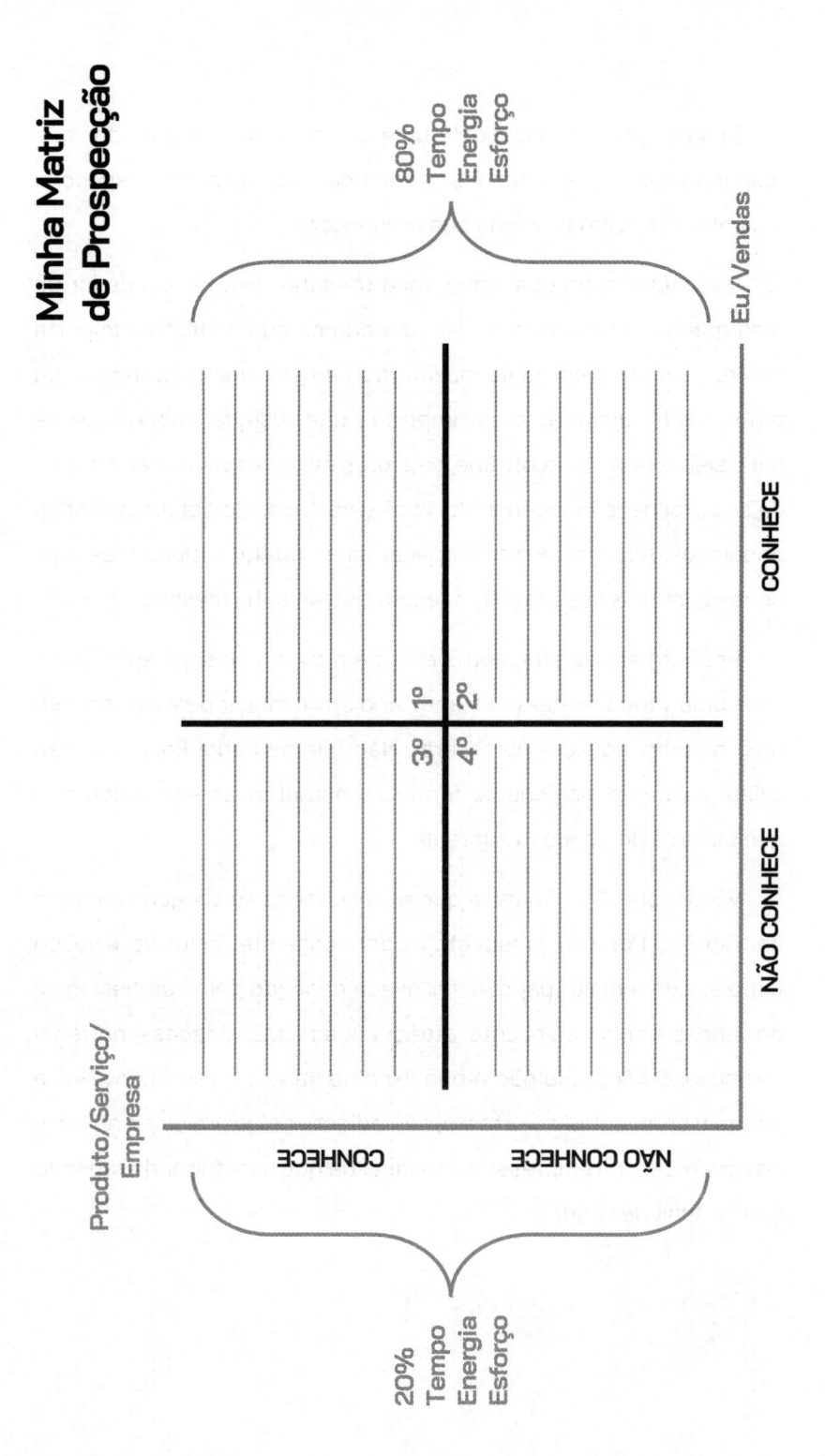

**Produto/Serviço/Empresa**

CONHECE | NÃO CONHECE

**Eu/Vendas**

CONHECE | NÃO CONHECE

1º | 2º
3º | 4º

80% Tempo Energia Esforço

20% Tempo Energia Esforço

Planejamento na prospecção

Parece simples, mas existe uma potência enorme quando você realmente começa a preencher as lacunas da matriz da prospecção e a entender como funciona sua prospecção.

Não importa em qual setor você trabalha, se é um vendedor de uma grande organização ou MEI, autônomo ou liberal. Não importa se atua em um setor mais maximizado ou em uma área menor em termos de ferramentas, o que importa é que qualquer coisa que você faça, seja on-line, seja off-line, seja presencial, ao visualizar a matriz da sua prospecção preenchida, você será capaz de obter resultados poderosos. Aliás, se quiser e aplicar as estratégias oferecidas aqui, conseguirá obter os primeiros resultados amanhã mesmo!

Fazer a lista da sua matriz e "ir para cima", ou seja, agir... Bum! Gera uma venda. Trata-se de apertar o *start*, incluir pessoas em seu funil de prospecção e perseverar. Não tem segredo! Para nós, não existe passe de mágicas ou fórmulas instantâneas sem esforço. O que existe é prospecção suprema.

Vendedores "raiz" sabem que os resultados só chegam por meio de trabalho. Por isso, prospectam continuamente. Inclusive, é válido lembrar que o maior papel a ser desempenhado pelos profissionais de vendas é servir ao cliente, atender suas necessidades e entregar soluções. Então, caso não tenha vendido nada, provavelmente você não tem prospectado. Portanto, não adianta colocar a culpa na crise, no governo ou na empresa, isso é sinal de que está faltando prospecção no funil de vendas.

# #Inicie com quem conhece você e sua empresa

O primeiro quadrante que você deve preencher na sua tabela de prospecção é o espaço descrito como "clientes que conhecem você, sua empresa, produtos e serviços que oferece". Nesse quadrante, crie uma lista dos clientes com os quais você já teve um relacionamento comercial, concretizou o negócio e que sabem sobre o portfólio de soluções que você representa. Nessa lista, coloque:

- Nome;
- Telefone/WhatsApp;
- E-mail; e
- Data de aniversário.

Você precisa conhecer seus clientes e ter uma lista com os dados básicos deles. Em seguida, você irá direcioná-los para os quadrantes que mais combinam com seus respectivos perfis. Uma informação que tende a ser pouco valorizada, mas que faz diferença no relacionamento com o cliente é conhecer a data de nascimento dele.

Nós tivemos uma aluna no curso de MBA que hoje está em Portugal. Nós viajamos para lá e aproveitamos para conhecer seu ateliê e espaço. Durante a visita, batemos muito papo, e sabe que ela nos contou? Por exercer a profissão de *patissier*, uma chef especializada em doces e bolos franceses, ela decidiu criar sua matriz de prospecção e preenchê-la não apenas com os dados dos clientes que já conheciam a sua empresa e seu trabalho, mas criou também uma lista com a data de nascimento dos filhos de suas clientes, parentes, pais, cônjuges, entre outras pessoas que seus clientes consideravam importantes na vida. Ela sabe quais as datas comemorativas de seus prospectos, e sempre faz questão de parabenizá-los. Criou uma lista de potencial em sua matriz de prospecção e é um diferencial por isso. Um exemplo de uso da matriz para venda B2C, com venda direta para consumidores finais. Deu trabalho? Claro que sim. Mas agora ela só tem que gastar tempo na manutenção de sua lista.

Em outro exemplo, aqui no Brasil, já falamos com muitos vendedores sobre a matriz de prospecção. Falando ainda sobre data de aniversário, vendedores de uma distribuidora de materiais elétricos reclamaram inicialmente que a mudança no sistema de informações da empresa estava dando muito trabalho, porque tinha que colocar muitas informações novas, inclusive a data de aniversário dos contatos. Após uma ação da empresa com disparo de e-mail para toda a base solicitando informações aos clientes, menos de 5% responderam, e os vendedores tiveram que entrar em ação e contatar um por um. Consegue imaginar o desânimo no trabalho operacional? Só que essa iniciativa gerou novas oportunidades, pois, ao ligarem para seus clientes, descobriram algumas boas coincidências: cliente que fazia aniversário no mesmo dia que o filho, ou com um dia de diferença do aniversário do vendedor, e teve até casos de ligarem bem no dia do aniversário dos clientes. Mesmo em um segmento de mercado B2B, com a venda entre empresas, são pessoas que fazem a venda. A iniciativa melhorou o relacionamento comercial e aproximou a equipe comercial de seus clientes.

O fato é que todo começo é trabalhoso, difícil e distante, mas depois, quando chega a fase da manutenção, tudo fica mais fácil.

É inadmissível que você termine este livro pensando: "não sei nem por onde começar a prospectar". Como vendedor, você deve assumir o desafio e entender que a meta é sua, a comissão é sua e os demais méritos, também.

Agora, se você é um líder, tem o dever de ser um líder que inspira seu time de vendas. Você é quem deve ensinar sua equipe a trabalhar nesse formato, criar uma matriz da prospecção e agir em cima dela para alcançar os resultados desejados.

## #Continue investindo nos clientes que o conhecem

O segundo quadrante são os clientes que já conhecem você, mas não conhecem o seu trabalho ou as marcas e soluções que você representa. Aqui, também é fundamental criar uma lista de clientes. Nesta lista, você já tem os contatos como nome, e-mail, telefone e data de nascimento.

A dificuldade nesse caso é quanto ao cliente que ainda não conhece a empresa. Por isso, o foco é usar seu networking a seu favor e ter uma boa apresentação.

Desta forma, a sua apresentação deve estar direcionada ao cliente, ao que ele precisa e suprir as necessidades dele. A disciplina constante na prospecção e o foco nos detalhes são primordiais para seu sucesso, tanto nesta como nas demais etapas do trabalho com a matriz de prospecção.

Vendedores precisam identificar quais são os problemas dos clientes, suas dificuldades, seus problemas ou desejos de melhoria.

Vale lembrar que nesse quadrante estão os clientes potenciais que não fecham negócios porque o vendedor foi insistente, mas sim porque foi persistente. E por que não devemos ser vendedores insistentes nesse quadrante?

Porque, ao invés de oferecer soluções que fazem sentido para o cliente, ficam insistindo em oferecer produtos e serviços que ajudam vendedores a bater a meta, mas não a resolver o problema do cliente. Agir com insistência não trará resultados para o cliente, mas incômodo e perda de tempo.

O cliente potencial espera que o vendedor traga resultados a ele, não chateação e importunação. Seja na matéria-prima, seja no *business*, seja no B2B, seja B2C, isso pode acontecer on-line, offline ou de forma presencial. Seja persistente, entenda até onde deve trabalhar na oferta de soluções ao cliente.

## #Contate clientes que só conhecem a empresa

No terceiro quadrante, temos os clientes que conhecem a empresa, os produtos e serviços, mas ainda não conhecem você.

Neste item, é importante criar uma lista potente utilizando, por exemplo, arquivos da empresa em que estão os clientes inativos. Você pode pegar clientes do sistema CRM (*Customer Relationship Management*) ou solicitar à gerência a lista de clientes que estão arquivadas, paradas e até congeladas. A ideia aqui é criar uma lista com clientes que normalmente não recebem contatos, sem prospecção.

Resumidamente, é aquela lista que os vendedores recusam, não dão atenção ou preferem não prospectar e não querem trabalhar, pois são considerados equivocadamente, pela grande maioria, como clientes difíceis, negados, caroços, entre outros adjetivos, o que não é uma verdade. Perdi as contas de quantas vezes fechamos negócios com clientes de listas inativas.

Uma grande sacada aqui é entender a imagem da empresa em relação a esse conjunto de clientes e usar a reputação a seu favor para iniciar os contatos. Mas, atenção, tem uma informação importante a ser pesquisada antes de começar os contatos: saber o histórico de relacionamento e informações da última venda a esse cliente.

Não que isso vá impedir o contato com o cliente que já teve algum relacionamento comercial com a empresa, mas é importante saber como esse capítulo da história terminou.

Foi por conta de problemas no produto, falhas na entrega, serviços que foram abaixo da expectativa do cliente ou uma sequência de episódios negativos que levaram o cliente a parar de comprar? Se for por esse lado, seu trabalho será mais desafiador para reconquistar esse cliente, mas existem caminhos. Você pode levantar o histórico, entender o que ocorreu, como estão as coisas hoje — produtos, serviços, processos — e contatar novamente, mostrando que as situações do passado serviram de aprendizado e que agora a empresa, representada por você, está melhor para voltar a atender o cliente.

Se, ao fazer esse levantamento do histórico, você não encontrar motivos claros para a descontinuidade da relação comercial, converse com colegas de trabalho que estão há mais tempo na empresa e verifique informações, veja se consegue resgatar dados que não estão no sistema, mas estão na memória das pessoas. Se algo negativo for descoberto, recomendamos que volte à recomendação anterior.

Agora, se não houver nenhuma informação que configure um cenário negativo, e que o cliente tenha virado inativo por outros motivos — como ter passado a comprar do concorrente, desenvolvido outras soluções para resolver os problemas, adquirido outra empresa, mudado processos, mudado o contato do cliente e a relação se perdido, ou até tenha fechado as portas —, você também deve se preparar para fazer a prospecção.

Nesse caso, o CNPJ vem primeiro do que o CPF. Ou seja, a empresa é conhecida do cliente, mas você, não. Potencialize a reputação da empresa na sua abordagem, reforce os anos de experiência da empresa no mercado e como já entregou soluções para diversos clientes nesse período.

## #Aqui está a prospecção mais desafiadora

Chegamos ao último quadrante, e talvez o mais desafiador, representado pelos clientes que não conhecem a empresa ou seus respectivos serviços e produtos, e muito menos você.

Depois de todo o empenho nos quadrantes anteriores da matriz de prospecção, você deve colocar todas as suas energias nessa parte da prospecção. Esse é o quadrante que carrega os prospectos desconhecidos, estranhos e que precisam conhecer você, sua marca e suas soluções.

É nesse quadrante que você pode obter os dados dos clientes nas redes sociais, pode utilizar o LinkedIn com a ferramenta do Rampers ou utilizar uma máquina de e-mail marketing funcionando 24 horas, como a plataforma do *Lead Lovers*, para depois transformar esses *leads* em prospecção.

O grande segredo do negócio está em captar forças para levar toda essa prospecção para o primeiro eixo. Ou seja, você tem que fazer uma prospecção que leve todos esses clientes do segundo, terceiro e quarto quadrantes para o primeiro: clientes que conhecem você, a empresa e suas soluções para comprar e fazer negócios. O primeiro quadrante é o mais potente de todos, o que oferece a maior chance de conversão de contato em negócio concreto, e seu objetivo é trabalhar a prospecção para levar seus clientes em potencial para esse quadrante.

## #Visitas presenciais x virtuais

Imagine que uma vendedora tenha em sua base (na carteira de visita) 320 médicos para visitar e prospectar, e precisa fazer essa rota dentro do mês, ou seja, em 20 dias, considerando que aos finais de semana ele não trabalha.

Como essa vendedora vai fazer isso? Ela não faz!

Se você pegar 320 médicos, levando em conta 20 dias de trabalho, totaliza 15 visitas por dia, considerando que em cada visita o vendedor teria que ter em média, para uma boa apresentação, 30 minutos de qualidade.

Você acha isso possível, pensando no horário de almoço, deslocamento e possíveis impasses?

Claro que não.

Então qual é a saída para essa vendedora?

Quando estiver criando a sua matriz da prospecção, essa profissional de vendas deve observar a área em que deve priorizar sua energia. Ou seja, ela deve investir tempo e energia visitando os médicos que valem a pena. E os médicos que restam? Ela deve agendar uma visita virtual, assim aperfeiçoa tempo, recursos e energias, mas também não deixa de fora os médicos dos outros eixos.

A vendedora poderá fazer uma apresentação, mostrando ao médico o novo medicamento com o qual ela trabalha, proporcionando uma apresentação que faça sentido para o médico, sem deixar cair a produtividade naquilo que ele já prescreve. Eis o segredo da prospecção.

Ao aplicar a ferramenta da matriz da prospecção, os resultados não só aumentarão como a vendedora terá a oportunidade de quebrar uma barreira mental e constatar que as visitas virtuais podem potencializar suas vendas, até mesmo para bater um papo on-line; trocar informações no Zoom, MS-Teams, Google Meet; ou para realizar uma chamada de vídeo via WhatsApp e esclarecer algumas dúvidas. Enfim, é possível utilizar diversas ferramentas para maximizar a sua prospecção. Afinal, quem não aparece, não é lembrado.

Bom, chegou a hora de agir e aplicar a disciplina. Agora você criará a sua lista, sua matriz de prospecção.

Que tal fazer isso antes de continuar para o próximo capítulo?

# O PODER DA TRIANGULAÇÃO

É muito comum encontrar vendedores e vendedoras que têm medo de prospectar, não sabem se conseguem dar conta de atender o cliente, não sabem qualificar os *prospects* e têm dificuldade de agendar uma visita (seja presencial, seja virtual).

Por vezes, acreditam que a empresa é pouco conhecida, não têm uma técnica diferenciada, não têm conhecimento diferenciado do perfil do cliente, não sabem como colocar a prospecção como prioridade na agenda e se organizar, e se esquecem que vendas é disciplina, constância e foco nos detalhes.

Prospecção é a arte de vender, a arte de ofertar, mas existem muitas técnicas envolvidas nisso, pois vender também é técnica em relacionamento. Portanto, a partir de agora vamos entender o que é o poder da triangulação.

Existe uma abordagem, que poucos conhecem, uma estratégia em que você poderá prospectar em qual setor quiser: varejo, imóveis, saúde, cosméticos etc. Uma técnica extremamente poderosa! A técnica da triangulação vai melhorar a sua rede de relacionamento, a sua abordagem de prospecção, a forma como garimpa os clientes e a maneira como vende.

## Ferramenta
# Poder da Triangulação

**1ª ETAPA:**
Solicitação à pessoa que você conhece para ser apresentado para a Pessoa que você quer conhecer.

**2ª ETAPA:**
Pessoa que você conhece aborda pessoa que você quer conhecer para apresentar VOCÊ.

**3ª ETAPA:**
Pessoa que você quer conhecer autoriza contato. Pessoa que você conhece retorna a você e prepara contato envolvendo as 3 pessoas.

**4ª ETAPA:**
Você entra em contato com a pessoa que você quer conhecer, envolvendo a pessoa que você conhece na mensagem, para iniciar o relacionamento comercial.

**Zanutim**

E-mail
Telefonema
WhatsApp

**João**

E-mail
Telefonema
WhatsApp

**Martinelli**

E-mail
Telefonema
WhatsApp

Mas, afinal, como essa técnica funciona?

Existem pontos importantíssimos dentro da triangulação, veja a seguir.

Considerando a imagem anterior, suponhamos que o Zanutim esteja no topo do triângulo. E quem está no topo do triângulo precisa fazer uma oferta para o João, que está na ponta direita (pessoa que Zanutim deseja conhecer). Então, Zanutim descobre que Martinelli, que é meu amigo e, por sinal, está na ponta esquerda do triângulo (pessoa que ele conhece), é também amigo do João. Inclusive, o que você vai aprender aqui, pode utilizar também como estratégia profissional de ganhar dinheiro por indicações. Ou seja, Martinelli pode dizer a Zanutim: "vou te indicar o João, mas quero negociar uma porcentagem em cima deste negócio".

Sendo assim, Zanutim pode até possuir os dados de João, e contatá-lo, mas por que ele faria isso? Seria como um tiro no pé, pois a possibilidade de João dar uma negativa nessa prospecção é bem maior, já que ele não conhece o Zanutim. Agir assim transmite um relacionamento automático: uma chamada fria.

João pode pensar: "Zanutim? Nunca ouvi falar". E, por nunca ter ouvido falar, não dá atenção a ele. Quem sabe o cliente pode atendê-lo por uma questão de educação, talvez ele seja "gente boa", dê um pouco de atenção, mas não feche negócio algum, não tenha interesse.

Mas quando Zanutim chega para Martinelli e diz: "Oi Martinelli, tudo bem? Eu gostaria de falar com o João, e percebi que você o conhece. Será que poderia fazer a gentileza de me apresentar a ele, para que eu possa conversar e apresentar meus serviços?" Aqui ocorre a estratégia de vendas!

No entanto, citamos vendedores e vendedoras que cometem os maiores erros.

O fato é que, se Martinelli não souber como fazer esse intermédio, como apresentar Zanutim para João, pode azedar o trâmite/negócio. Por isso, esse momento é crucial, e não pode haver uma apresentação de "qualquer jeito". Nada disso! É importante ter muita atenção nessa etapa.

Para acontecer essa triangulação, é importante capacitar Martinelli para fazer essa ponte entre Zanutim e João. Tudo é uma questão de técnica, inteligência e estratégia. Percebe que não é só pedir indicação ou deixar Martinelli falar de qualquer jeito com João?

Como fazer, então? O ideal é enviar um e-mail a Martinelli, explicando sua solicitação, antes de tudo, mesmo que Zanutim e Martinelli sejam amigos. No e-mail, Zanutim pode escrever: "Martinelli, será que você poderia me apresentar o João? Eu vi que vocês se conhecem, e gostaria de apresentar meus produtos e serviços a ele".

Vamos partir do pressuposto de que Martinelli responda positivamente: "Sim, é possível!" Neste caso, Zanutim não corre afoito, não pula etapas e nem vai com sede ao pote. Ele mantém uma postura profissional e dá continuidade à estratégia: "Martinelli, faça o seguinte. Envie um e-mail ao João falando sobre mim. Informe a ele que receberá um contato de minha parte em breve, por gentileza".

Então, Martinelli envia um e-mail a João com cópia para Zanutim, fazendo a ponte e a apresentação prévia de Zanutim, dizendo o seguinte: "Oi João, tudo bem? Quero te apresentar o Zanutim, ele trabalha com A, B e C produtos e serviços. Ele está em cópia neste e-mail, e gostaria de falar para ele explicar a você como funciona o sistema. Pode dedicar um espaço na sua agenda e atendê-lo? Muito obrigado".

Em seguida, após receber um "Ok" da parte de João, Zanutim entra em cena e redige um novo e-mail a João, copiando Martinelli, se apresentando e fazendo seu pedido em vendas, de forma profissional, ética e cortês. Sempre focando deixar a relação mais rápida, acalorada e dinâmica. Zanutim envia então um e-mail para João, com cópia para Martinelli.

Pouco a pouco, Zanutim, como o bom vendedor que é, vai se apresentando, mostrando os produtos e serviços com que trabalha e desenrolando a conversa. Vale ressaltar que não existe um script padrão para esse momento. Tudo depende do produto, serviço e empresa que o vendedor ou a vendedora trabalha, e, especialmente, depende do cliente.

Por isso, chegará a hora em que Zanutim deve agradecer a Martinelli e comunicá-lo que a partir do próximo e-mail, não irá mais copiá-lo. Pode ser que, ao ler seu e-mail, Martinelli deseje boa-sorte a Zanutim e se despeça, ou pode ser que ele queira permanecer apenas para acompanhar. Geralmente, os intermediários se despedem e desejam bons negócios a ambos.

Contudo, de maneira mais privada, Zanutim faz a sua apresentação de maneira formal. A receptividade de João será extremamente potencializada nessa relação da triangulação, porque esse contato foi apresentado e direcionado por uma pessoa de confiança de João. Toda venda envolve relacionamento, e as pessoas gostam de ter aprovação social — que por sinal se trata de um gatilho mental, quando Martinelli fala de Zanutim para João, a mente de João diz "Martinelli indicou Zanutim, então este deve ser um profissional de qualidade". A confiança de uma pessoa empresta credibilidade para a nova pessoa.

## #A triangulação no WhatsApp

A indicação pelo WhatsApp é mais simples, porém não menos criteriosa. Nesta opção, Zanutim pede para Martinelli falar com João e indicá-lo: "Olá Martinelli, tudo bem? Vi que você conhece o João. Será que poderia me apresentar a ele? Eu gostaria de bater um papo com ele sobre o meu trabalho, produtos e serviços que ofereço".

Então Martinelli pode dizer: "Lógico, é possível". Zanutim então é quem dá os comandos de forma gentil (pode ser que Martinelli não saiba como fazer isso da forma correta, por isso, Zanutim é quem deve dar as coordenadas sobre como Martinelli deve agir), dizendo: "Martinelli, faz o seguinte então, fale com João primeiro e diga que iremos nos conectar. Depois me avisa. Estou no aguardo".

No poder da triangulação, Martinelli precisa fazer a apresentação de Zanutim, este é o ápice dessa ferramenta.

Em instantes, os três estarão conectados em um grupo de WhatsApp (também é possível fazer isso pelo Telegram). Nesse cenário, potencializamos o networking para alavancar contatos profissionais e possibilidades de negócios. Vale ressaltar que esse será um grupo exclusivo para tratar assuntos de trabalho. Não haverá outros assuntos ali. Nem postagens de bom dia, boa tarde ou boa noite. Nesse grupo, Zanutim e Martinelli devem ser extremamente profissionais, ainda que todos sejam amigos. E aqui aproveitamos o gancho para frisar alguns pontos em que vários vendedores vacilam.

Antigamente, escutávamos muito de nossos avós, pais e responsáveis o quanto era deselegante estar em uma roda de pessoas desconhecidas e falar sem que alguém tivesse nos perguntado ou solicitado algo. Nos grupos de WhatsApp e Telegram a regra é a mesma (até o momento que acontece a triangulação, claro).

Quando você entrar em grupo de indicações no WhatsApp ou Telegram, jamais saia enviando proposta "a torto e a direito", falando de seus serviços e produtos sem ser apresentado por alguém ou fazendo propaganda de sua marca para quem você não conhece. Isso serve para outras plataformas e aplicativos também.

Eu fico impressionado com a quantidade de profissionais de vendas que não têm noção do que é a rede social. Não é porque fomos adicionados a um grupo de pessoas, empreendedores ou executivos, possíveis clientes de alto impacto, e os vemos constantemente on-line que vamos pensar que são nossos amigos. Eles não são!

Às vezes, nas muitas viagens a trabalho que fazemos, encontramos com pessoas no aeroporto, no restaurante, no hotel, e até parece que somos amigos de anos, mas a verdade é que, em muitos casos, trocamos poucas palavras e olhe lá.

Na rede social, no grupo de WhatsApp ou Telegram, não é porque estamos no mesmo grupo que somos amigos, que vamos enviar correntes de oração, posts íntimos de bom dia ou "jogar papo para o ar". Entenda: estamos apenas conectados!

No grupo, você pode desenvolver a triangulação, ver se existe alguém conhecido, que já o conhece, e pedir para apresentar você a outro alguém que também está lá. É a hora de trabalhar o networking, pedir referências e indicações, mas nunca pular etapas e publicar propostas sem contexto algum.

Lembre-se: a triangulação nada mais é do que um pedido de referência, de indicação, certo? Não caia na falta de profissionalismo nesta hora.

# #O poder do três

Aproveitando o exemplo anterior, de Zanutim, Martinelli e João, suponhamos que João tenha fechado negócio. Ou seja, aconteceu de fato uma venda. O ideal é que Zanutim faça com João o mesmo que fez com Martinelli, peça a João que fale com outros amigos sobre ele. Logo, João vai enviar uma apresentação de Zanutim para outro amigo. Desta forma, Zanutim faz a roda girar sem parar.

Nos muitos anos de vendas que temos, notamos que a regra do três é uma das ferramentas mais antigas que existem dentro da prospecção. Mais antiga e mais efetiva, porque atua diretamente no centro das relações humanas e profissionais.

Essa ferramenta está diretamente ligada à base de relacionamento. Por isso, quanto mais sadio forem os seus relacionamentos como profissional de vendas, quanto mais ético e maior for a sua capacidade de cumprir com a sua palavra e entregar produtos e serviços que fazem sentido para as pessoas, mais competente será a sua base de relacionamentos. É nessa hora que você mostrará o tipo de profissional que é, ao ponto de pedir para indicarem você.

Para entender melhor a "regra do três", vamos supor que Zanutim trabalhe como corretor de imóveis. (E essa técnica precisa estar gravada no seu *drive* mental, um *hack* para você usar de maneira automática.)

Ele acabou de atender um cliente que foi ao seu plantão, mas só olhou. Não comprou. O cliente está na fase de pesquisas, então, levará um tempo para tomar a decisão.

Neste caso, antes de se despedir do cliente, Zanutim diz a ele: "Fulano, o que achou da visita que realizamos no imóvel? Você gostou da minha demonstração, há algo que gostaria de sugerir para melhoria? O que achou do imóvel, localização e do meu atendimento? Sei que você não está comprando agora, mas poderia me dar um *feedback* do que achou?". Podem acontecer algumas situações, entre elas destacamos dois cenários:

O cliente ter sentido falta de algo e oferecer um *feedback* a Zanutim, dando-lhe a oportunidade de melhoria;

O cliente ter adorado a experiência, gostado da demonstração, apresentação e do produto.

Neste momento, surge o poder da indicação.

Supondo que o cliente tenha tido uma boa experiência com Zanutim e, a partir disso, já faça parte de sua base de relacionamentos, é extremamente inteligente Zanutim dar continuidade à conversa final, antes de se despedir da seguinte forma: "Você poderia indicar pelo menos duas ou três pessoas para que eu pudesse falar sobre este imóvel e agendar uma visita com elas em meu plantão, pessoas que são da sua rede de relacionamento?"

Peça indicações!

O máximo que você poderá receber é: "No momento não tenho ninguém".

Pedir indicações é pura prospecção. Se o cliente responder que sim, Zanutim terá duas ou três novas pessoas para prospectar: apresentado pelo cliente, utilizando a ferramenta da triangulação.

Ferramenta
# Poder dos três

Pense simples e rápido e venda muito!

EU-quipe

Keila
├── Rogério
│   ├── Antonio
│   │   ├── X
│   │   ├── Y
│   │   └── Z
│   ├── Deise
│   └── Antonia
├── Francisco
└── Erica

Nesta matriz tem 40 contatos. Se você vender um celular para 20%, no valor de R$ 849,00 suas vendas já aumentarão em R$ 6.792,00. Lembre-se de que você poderá ter várias matrizes como esta.

*Direitos Autorais Reservados (®) de Claudio Zanutim e Renato Martinelli – Material não pode ser reproduzido sem autorização prévia e menção dos autores.*

Infelizmente, a maioria dos vendedores e vendedoras esquece desse detalhe, ou seja, não estão preparados para falar, comentar, chamar e pedir. Em vendas, isso é fundamental!

Quando o vendedor ou a vendedora quebra essa barreira mental de não prospecção — que é única e exclusiva do profissional de vendas, afinal, essa barreira não é do cliente e cria bloqueios — surgem grandes resultados. Além disso, acontece também o poder do três, em que o vendedor pede três indicações, e, dessas três, pede mais três novas indicações, e sucessivamente.

Geralmente o "poder do três" acontece muito no marketing multinível. O poder da triangulação puxa o poder do três, pois essas duas estratégias farão com que a sua base de clientes, de relacionamento e de prospecção aumente significativamente. Somos prova viva de que a metodologia funciona, utilizamos muito na prática e conseguimos grandes resultados. Além disso, não iríamos propor uma forma de trabalho que não fosse prática e desse resultados efetivos, concorda?

Não importa se você é um vendedor ou uma vendedora de varejo, de cosméticos, de medicamentos, de produtos veterinários ou de seguros de saúde; se é corretor de imóveis, vendedor de tecido, entre outros.

A ferramenta da triangulação serve para qualquer área.

# COMO SUPERAR OBJEÇÕES

Tão certo quanto dois mais dois são quatro, em sua carreira em vendas você certamente já recebeu ou escutou negativas por parte dos clientes como as seguintes:

- "Ah! Não posso falar agora!"
- "Seu preço está muito caro."
- "Me envie um e-mail e nos falamos depois."
- "Não estou interessado em novos fornecedores e nem em novos produtos e serviços neste momento."
- "Eu já tenho um fornecedor para esse tipo de serviço ou produto."

As objeções representam os diversos tipos de "nãos" que geralmente os clientes falam para o vendedor, por diferentes razões. Vale pensar que, talvez, os possíveis "nãos" que o profissional de vendas recebe dos clientes possam ser um feedback indireto, comunicando que algo não está legal. Que, por vezes, a forma como o vendedor ou a vendedora falou, como se apresentou ou abordou a empresa, não está bacana. Quem sabe a abordagem não esteja 100% convincente, e, por causa disso, o cliente sente que não deve confiar no vendedor ou na vendedora, ou dar continuidade à conversa.

Uma das primeiras recomendações que colocamos para você em relação à tratativa das objeções é criar uma lista com as mais frequentes objeções que você recebe no momento da prospecção. Essa simples ação vai ajudá-lo a entender como as respostas dos clientes podem estar ligadas a fatores racionais e emocionais, assim como compreender que as objeções se repetem no mercado.

Por conta disso, ao identificar as barreiras mais frequentes, você tem melhores condições de se preparar para responder adequadamente, e ter um preparo mental para lidar com a pressão das objeções no processo de vendas, seja na prospecção, seja em uma etapa mais avançada.

O fato é que, em cada objeção, existem diversos indicadores que os profissionais de vendas precisam identificar. Por isso, você deve saber quais são os fatores motivacionais de compra de seus clientes. Isso significa que todo cliente tem uma razão que o motiva, e a razão não é só necessariamente racional, como abastecer sua fábrica, repor o estoque, atualizar os produtos e serviços, que são algumas das mais comuns. Vai muito além disso. Questões emocionais — relacionadas a percepção, opinião e preferências — têm um peso significativo na tomada de decisão dos clientes.

Quando você descobre quais são esses fatores motivacionais que os levam a comprar e fechar negócio com você (e isso não tem a ver com preço mais baixo, embora faça parte do processo), as objeções diminuem expressivamente.

Com a finalidade de ajudá-lo a enfrentar as barreiras das objeções e saber tratá-las para avançar no processo de vendas, vamos ensinar uma estratégia poderosa de influência, chamada de MICASO.

# #MICASO – O SEGREDO DAS SEIS LETRAS

## #M de Moda

Suponha que seu produto esteja fazendo o maior sucesso no mercado, ou tenha um peso e marca muito fortes e os principais clientes têm uma boa razão para adquirí-lo, já que a sua marca é a mais reconhecida, segundo as mais recentes pesquisas de mercado. Seu produto é a tendência e a novidade mais atual, por isso está todo mundo querendo.

Como seu produto/serviço é uma tendência, esse argumento poderá ajudá-lo a derrubar as barreiras das objeções, fazendo com que venda muito mais. Afinal, trata-se de uma solução desejada e que clientes estão dispostos a investir seu dinheiro para obter. Além disso, ter uma tecnologia diferenciada e moderna, trabalhar utilizando a inteligência artificial e a realidade virtual são outros fatores motivacionais que podem ser usados como aspecto da moda na hora da argumentação (aquilo que todos estão adotando). Existe um termo chamado *early-adopter* que representa o conjunto de clientes que desejam ser os primeiros a terem acesso à novidade. Podemos encontrar vários deles na fila da loja da Apple para comprar o mais novo iPhone lançado no mercado.

Por exemplo, um vendedor ou uma vendedora que atue no mercado da saúde pode argumentar que seu produto traz mais segurança sanitária em comparação aos demais, e que, por esse simples motivo, é uma solução diferenciada no mercado atual, em que a preocupação com a saúde individual e coletiva está em debate na sociedade.

Se o profissional de vendas trabalha com varejo de roupas, os clientes não querem apenas adquirir peças simples de "camisas da Polo", por exemplo, eles querem uma camisa Polo com o símbolo Polo estampado, pois o ícone comunica para ele e para outras pessoas que vestir uma marca famosa o torna mais valorizado, interessante e reconhecido – o que está associado com o sucesso e o êxito, porque veste uma marca de elite.

Por isso, tenha argumentos para mostrar a força de sua marca e aquilo que você traz nos quesitos de divulgação, tecnologia, tendências e novidades, para o cliente poder se conectar com o item **moda**.

# #I de Interesse

Imagine que você tenha um cliente em potencial que já possua dois fornecedores fixos, mas ambos tiveram impactos dentro desse processo de pandemia. Em função disso, os fornecedores não conseguem mais oferecer a mesma quantidade de produtos para garantir o abastecimento desse cliente. Concorda que o cliente pode ficar um pouco preocupado? Então é de interesse do cliente ter um terceiro fornecedor, para diminuir os riscos de depender de seus atuais fornecedores.

É um interesse específico que ele tenha alternativas regionais, locais e até mesmo globais, ou seja, fornecedores que tenham maior infraestrutura, agilidade de entrega e uma abrangência melhor para atendê-lo.

Em linhas gerais, o critério Interesse vem como um motivo racional de compra. No exemplo citado, no ambiente de vendas B2B, poderia haver espaço para uma mudança na política de suprimentos da empresa para redução de risco.

E se fosse em uma situação de produto ou serviço para consumidores finais, como o B2C, como seria aplicado o interesse? Parte da minha linha é o interesse racional, como o cliente comprar um novo celular porque o aparelho atual quebrou, ou está muito defasado na tecnologia e os aplicativos não funcionam bem. Ou a pessoa precisa comprar novas roupas porque engordou ou emagreceu e tem poucas roupas que servem. São questões com pontos racionais por trás. Não significa que a motivação de compra está relacionada apenas ao interesse, pode ter outros fatores, como moda, influenciando a decisão.

A nossa sugestão é que você, como profissional de vendas, investigue seu cliente a fundo. Compreenda quais são os motivos para ele ser fidelizado à sua empresa. Ao identificar qual é o fator motivacional do seu cliente, se moda, se interesse ou as demais letras que virão, será mais fácil quebrar as objeções e propor argumentos consistentes.

# #C de Comodidade

Os vendedores têm a tendência de pensar que o que mais importa para o cliente na hora da compra é o preço e os descontos. Mas não é só isso. O cliente quer saber como será a entrega, se terá uma embalagem especial, como será o processo, se o vendedor oferecerá um produto agregado, se a entrega acontecerá em grandes sacos, grandes fardos de plásticos bolhas ou em embalagens de proporções menores, e tantos outros detalhes que podem fazer a diferença na decisão do cliente. Neste item, o foco do vendedor deve estar em esclarecer todas as dúvidas do cliente e oferecer um serviço personalizado, que proporciona comodidade.

Será que o cliente terá acesso a uma entrega no formato *delivery*, um canal de venda exclusivo, SAC e até mesmo suporte via WhatsApp? Tudo com a finalidade de atender esse cliente com excelência e fazer o melhor para gerar conforto e facilidade ao cliente. O que muitos vendedores e vendedoras ignoram é que os clientes estão dispostos a pagar mais para ter comodidade. Aliás, tem até vendedor que não sabe vender, porque depende de condições comerciais agressivas para vender. Ou seja, se tem desconto e preço baixo, consegue mandar bem. Só que não dá para sustentar uma carreira em vendas só com essas condições.

Logo, cabe ao profissional de vendas pensar: "O que posso fazer para oferecer um serviço diferenciado ao meu cliente? Será que consigo oferecer mais comodidade ao meu cliente?"

A empatia com o cliente será fundamental para esse aspecto, porque comodidade para um cliente não é necessariamente a mesma comodidade para outro. Cuidado com a padronização em escala, senão vai oferecer serviços sem customização e a ideia pode gerar mais frustração do que escala.

Nossa sugestão aqui é montar um cardápio de serviços com diferenças de entrega, embalagem, forma de uso e demais variações que os produtos e serviços permitem. Para cada item desse cardápio, há preços diferentes. Um exemplo fácil de considerar é o preço do frete em sites de *e-commerce*. Se você prefere uma entrega urgente, pagará a mais do que o preço normalmente praticado no prazo padrão de envio. Se o cliente tiver muita urgência, o valor a mais é traduzido em comodidade e atendimento às suas necessidades.

## #A de Afeto e Atendimento

"Como assim afeto em vendas?" Você pode se perguntar. Não é novidade para os vendedores e as vendedoras treinados que, para uma boa venda, é necessário ter afeto. Trata-se de identificar qual a relação emocional que o cliente tem com a sua marca.

Qual produto você oferece que ele não troca de jeito nenhum? Será que o seu cliente já defendeu a sua marca, produtos ou serviços da sua organização para outros públicos? Talvez você e/ou a marca que representa tenham criado um vínculo de afeto em que seu cliente, diante de uma situação ou problema urgente, recorreu à sua organização, e assim você conseguiu solucionar a questão mais rapidamente e resolver a situação. Por isso, surgiu um afeto.

Outro exemplo pode ser uma roupa de grife, de marca exclusiva, que talvez o cliente goste muito, uma roupa que lhe caia bem e ele tenha preferência. Uma marca que lhe é familiar porque vem sendo utilizada por longos anos, por isso não será substituída.

Portanto, cabe ao vendedor/vendedora identificar qual é a relação emocional que o cliente tem com a sua marca. O que gera uma relação afetiva para seu cliente? Você já reparou quantas mulheres frequentam o mesmo salão de beleza por anos a fio porque preferem ser atendidas pela mesma cabeleireira ou manicure por questão afetiva? Quantas pessoas permanecem na mesma instituição financeira (banco) por décadas? A única explicação para tal fidelidade é a questão afetiva que a marca oferece.

Compreender como seus clientes enxergam sua relação com a marca, produtos, serviços e atendimento pode ajudar você a entender o nível de afetividade com relação ao que você oferece. Utilizar pesquisas diretas com clientes ou fazer uso de pesquisas e estudos de mercado sobre marcas, assim como fazer perguntas após cada atendimento, são ações que podem trazer informações concretas e ajudar você e sua empresa a entender como esse afeto se traduz em decisões de compra dos clientes.

## #S de Segurança

Segurança, aqui, não significa proteção patrimonial, apesar de podermos enxergar nesse contexto também. Aqui, trata-se da segurança voltada para a finalidade dos clientes não correrem riscos, como no exemplo anterior, em que, preocupado, o cliente decidiu ter três fornecedores ao invés de dois. Esse argumento derruba barreiras de objeções que garantam ao cliente o quanto ele terá e receberá os seus produtos no prazo certo, na data combinada, na quantidade solicitada, e fechar negócio com você é o melhor a se fazer.

Quais justificativas você pode oferecer ao seu cliente para derrubar as barreiras da objeção voltadas à segurança? Simples, por meio de depoimentos de clientes fidelizados, cases de sucesso, oferecendo referências de parceiros, ou seja, utilizando a aprovação social. A intenção é mostrar aos seus clientes que outras pessoas renomadas, de autoridade no mercado e de confiança são seus parceiros e indicam seu trabalho. Por isso, ele pode confiar em você e no seu serviço/produto também.

Além disso, você pode apresentar gráficos, dados, informações e tudo mais que tiver para alimentar sua argumentação para trazer mais segurança de forma concreta e comprovada no momento de prospecção.

Mencionar a quantidade de anos que sua marca, empresa, produtos e serviços estão no mercado é outra sacada e tanto. Isso diz muito, afinal, significa que muitas empresas gostam e confiam em seu trabalho, por isso sua empresa se perpetua ao longo dos anos.

# #0 de orgulho

Orgulho é outra razão pela qual o cliente fecha negócio com você e lhe dá sinal verde para avançar, por exemplo: focando nos benefícios. O vendedor ou a vendedora pode dizer ao cliente: "Se você me proporcionar esse tempo para apresentar a minha proposta, vai encontrar soluções inovadoras que poderão ajudá-lo a atingir os indicadores de resultados mais estratégicos para sua empresa".

Este item pode ser entendido também como status ou ego. Se você, como profissional de vendas, mostrar a solução e relacionar com benefícios pessoais ao cliente — como ficar mais valorizado no mercado — pode receber até uma promoção se fechar um ótimo negócio, o que vai agradar a diretoria da empresa e gerar mais destaque para marca do cliente no segmento de atuação. Essas questões podem ser interessantes para o cliente por trás da negociação. Entender se esse fator pode ser bem usado ou se pode soar como "puxa-saco" de cliente e não gerar o resultado desejado é uma habilidade que todo profissional de vendas deve desenvolver.

De acordo com alguns estudos voltados ao comportamento dos consumidores, foi comprovado que essas seis abordagens do MICASO fazem parte das argumentações mais efetivas que vendedores podem aplicar para derrubar as objeções dos clientes.

Talvez o cliente diga: "Está caro!" Então você pode utilizar uma dessas estratégias, como: moda, interesse, comodidade, afeto, segurança ou orgulho para quebrar uma objeção.

"Ah! Mas eu já tenho um fornecedor."

Então o vendedor ou a vendedora podem usar perguntas e argumentos relacionados à segurança, interesse e/ou orgulho/status, dizendo: "Ok! Mas este fornecedor sempre o atendeu com eficiência, nunca houve uma falha? Seu fornecedor atual traz as inovações que as principais tendências de mercado oferecem? Nossa empresa tem uma avaliação de 98% de satisfação de clientes, temos trabalhado continuamente para reduzir o tempo de entrega e para aumentar a produtividade de nossos clientes". E assim por diante.

Por isso, faça uma lista das principais objeções que costuma receber e dos principais argumentos que poderá dar no momento certo.

E, para finalizar este capítulo, a minha sugestão é que você relacione toda a sua argumentação com os fatores motivacionais de compra. Sempre leve isso em consideração para ampliar sua potência de argumentação e capacidade de superar objeções.

# PROSPECÇÃO PELO TELEFONE

Prospecção por telefone ainda é motivo de muitas dúvidas, questionamentos, angústia e ansiedade entre os vendedores, até mesmo para os da velha guarda, os mais experientes, principalmente aqueles que migraram para a área comercial há pouco tempo.

Provavelmente, você também já teve dúvidas ou já sentiu aquele frio na barriga ao encarar o telefone e pensou: "Poxa, eu preciso prospectar por telefone, mas como farei isso? Quais são as melhores táticas e o que não fazer?" Se você já esteve nessa condição ou ainda se encontra nela, a partir de agora, vai obter as respostas para todas essas perguntas.

Antes de pegar o telefone e começar a conversa trivial: "Oi, tudo bem? Eu sou o fulano de tal da empresa X e quero lhe apresentar o produto Y", tem muita coisa que precisa acontecer. Segundo nossa experiência na área de vendas, podemos afirmar que mais de 60% do sucesso da sua venda por telefone e da prospecção por este canal acontece por meio das atividades que você tem que fazer antes de telefonar e da hora do "vamos ver". Então vamos conhecer as dicas para melhorar seu desempenho antes de pegar o telefone.

# #Identificar quem é o cliente

Antes de telefonar para o cliente, é primordial que o vendedor ou a vendedora identifique quem é o cliente, se falará com uma pessoa física ou jurídica, qual o cargo dele na empresa, se é decisor ou se é influenciador, se participa do processo, mas não toma a decisão final. Será que alguém da sua organização já atendeu essa pessoa no passado? Será que o cliente já conhece a organização, já comprou dela antes, é um cliente inativo ou é o primeiro contato?

Antes de pegar o telefone e discar, o profissional de vendas tem que fazer a lição de casa e saber se possui em sua carteira outras pessoas que são concorrentes desse cliente potencial que você quer atender. É preciso saber onde é a localização, qual o porte da empresa, se ela é financeiramente ativa e se tem o perfil que enxerga valor no produto e serviço que você tem para oferecer. Eis a base do sucesso de qualquer prospecção por telefone.

Para isso, vale utilizar as redes sociais para pesquisar o nome desses clientes na empresa que está inserida e seus respectivos cargos, principalmente no LinkedIn, uma plataforma focada no perfil profissional. Além disso, por meio das redes sociais, o vendedor pode também observar quais são suas conexões em comum e aproveitar o gancho para criar a triangulação, mencionar esse fato na hora de falar com o cliente por telefone.

Depois de especular quem é o cliente que contatará e após ter feito essa segmentação de mercado e ter identificado o cliente, chegou a hora de preparar esse *lead* e qualificá-lo, tanto para você poder trabalhá-lo como o profissional de vendas quanto para facilitar para sua equipe, caso você seja um líder.

# #Mailing

Se você quer deixar a comunicação de sua empresa, serviços e produtos mais eficiente, é importante desenvolver um *mailing*, uma lista de contatos de clientes, recheada de informações sobre o cliente em questão. É essencial especificar na descrição/cadastro se esse cliente já procurou a empresa por algum canal ou se já demonstrou algum tipo de interesse por seus produtos e serviços, se ele conhece os produtos e serviços, se conhece a sua oferta, a credibilidade que sua marca apresenta no mercado, entre outros informativos que ajudem o vendedor ou a vendedora a ter argumentos, recursos de informações e aberturas com o cliente.

Para alimentar o *mailing*, ofereça produtos digitais e conteúdos gratuitos mediante o cadastro. Essa é uma maneira bastante efetiva de abastecer seu *mailing*, pois, em vez de ficar tentando convencer seu prospecto a comprar o seu produto, contratar sua empresa ou fechar negócio com você de primeira, ao utilizar essa tática, você captará os *leads* por meio de conteúdos relevantes e criando um relacionamento com seus prospectos. Aqui está a lei da familiaridade também, que ocorre quando o cliente recebe conteúdos constantes de sua marca e se familiariza com ela.

Apostar no marketing de conteúdo é outra estratégia significativa. Se você quer educar seus clientes, uma boa ideia está em disponibilizar conteúdo on-line, como artigos semanais, *lives*, cursos, vídeos semanais, podcasts, entre outros.

O importante é utilizar todas as ferramentas digitais disponíveis para criar um conteúdo relevante contendo informação, entretenimento e valor para seu público.

Quando o profissional de vendas aposta no marketing de conteúdo, ele consegue gradualmente a audiência e engajamento e, com isso, fica mais fácil receber cadastros em seu *mailing* de clientes.

Na hora de abastecer seu *mailing*, evite adquirir lista de e-mails prontos. Esse é o principal erro na hora de criar um *mailing* de clientes. O motivo? Simples, eles não são seus clientes e talvez nem sejam seu público-alvo. Neste caso, os e-mails podem causar prospectos aleatórios, gerando perda de tempo.

Outro fator que os vendedores devem evitar é o spam. Lembra-se da chamada fria 2.0? Pois então, evite e-mails padronizados que geram zero de retorno. Crie você mesmo os seus e-mails de forma acalorada, gentil e personalizada.

Mostre ao cliente o quanto se importa com ele, por isso, envie e-mails contendo informações, tendências de mercados, infográficos e e-books gratuitos que podem ser utilizados para você mencionar pesquisas e estudos de interesse do cliente. Desenvolvendo esse processo, ativará no cliente o gatilho mental da reciprocidade, que gera um poder de influência gigante a favor da sua prospecção por telefone.

No *mailing* deve conter o telefone do cliente, e-mails, sites da empresa, perfil da pessoa no LinkedIn e todas as informações que tiver dele, parar facilitar e organizar a sua lista de contatos.

## #Elabore um Script

Antes de entrar em contato de fato com o cliente, vale a pena pensar em elaborar uma sequência de ideias, recursos de informações e argumentos voltados às perguntas abertas, promoções e tudo mais que o vendedor precisa ressaltar e fortalecer no processo de vendas e de prospecção por telefone.

Nesta etapa, vale utilizar uma linguagem assertiva, não violenta e empática. Além disso, conhecer estratégias que evitem determinadas palavras como: não, infelizmente, impossível, dentre outras que fecham a venda ao invés de abri-la.

Percebe quanto planejamento existe antes de o profissional de vendas fazer a ligação?

A pergunta que não quer calar é: há quanto tempo sua empresa tem esse planejamento pronto ou o quanto essa organização tem feito parte de seu processo interno?

Quanto você precisa colocar em investimento de tempo, energia e pessoas para fazer esse sistema funcionar melhor nesses bastidores? Somente quando tivermos todos esses itens organizados é que de fato estaremos mais prontos (e isso não significa completamente prontos) para fazer um contato telefônico com os clientes.

# #Cold Call

Chegamos ao momento do *cold call*, a ligação fria, o famoso momento em que surge aquele medo do "não" e da rejeição. A ligação sempre será fria se você não focar em soluções para seus futuros clientes.

Não se preocupe com os questionamentos sobre o que falar, como "quebrar o gelo", o que dizer e até mesmo sobre como agir se a outra parte recusar nossa proposta etc. Se você seguiu as dicas anteriores, vai dominar a ligação e mandar muito bem nos recursos de informação, já que seu *mailing* estará abastecido, saberá quais argumentos utilizar, visto que terá estudado o cliente, a empresa que ele pertence e sua posição/cargo. Sem contar que, após ter aprendido sobre como derrubar as objeções, você entrará em linha pronto para a prospecção.

# #Quebre o gelo

Será que, ao contatar um prospecto, você está falando com a pessoa certa, aquela que tem autonomia e toma as decisões? Se sim, qual quebra-gelo utilizar? Como começar a sua abordagem?

Neste ponto, o profissional de vendas ainda não é íntimo do cliente, ou seja, não o conhece, e é de suma importância utilizar um quebra-gelo ético e profissional.

Mencione assuntos que estejam ligados aos negócios da empresa do cliente, os impactos da crise no mercado ou de alguma notícia em alta que tenha relação com os negócios ou interesses do cliente, por exemplo. Além disso, antes de contatar o cliente, dê uma pesquisa em suas redes, site da empresa, entre outros canais, e pesque alguma informação, toque nesse assunto, aproveite esse gancho para quebrar qualquer clima fechado.

Saber começar a conversa pode ajudar bastante a dar continuidade no diálogo e iniciar a construção de uma imagem profissional positiva a seu respeito.

## #Tenha entusiasmo, sem exageros!

Um dos fatores que não pode faltar em uma ligação é entusiasmo, pois ninguém gosta de fechar negócio com um vendedor que fala com tom de voz desanimado, para baixo, cansado ou derrubado. Para o cliente, não importa se o vendedor está cheio de problemas, repleto de desafios a superar, distante de bater a meta ou num mau dia, com problemas pessoais ou profissionais.

O cliente é a parte da solução que o vendedor precisa para atingir seus objetivos e solucionar parte de seus problemas. Portanto, tenha entusiasmo, "força de vontade" e disposição no tom de voz. Mas não exagere, nada de extremismos. Afinal, devemos nos atentar para não transmitir energia demais na ligação, ao ponto de assustar o cliente.

## #Tom de voz

Diversas pesquisas na área de vendas por telefone mostraram que o poder da voz e o tom da fala são tão importantes para comunicar uma mensagem quanto as próprias palavras. De acordo com estudos recentes, o tom de voz representa mais de 80% da percepção que o cliente tem a seu respeito. Como você fala importa demais no processo de relacionamento comercial que deseja estabelecer com seu cliente em potencial.

A pessoa do outro lado da linha não está vendo você (a não ser que seja uma chamada de vídeo), por isso, você é o que a sua voz e a sua entonação demonstram naquele momento. Inclusive, a voz que o vendedor ou vendedora coloca na ligação cria uma imaginação na mente da outra parte de forma inconsciente e a pessoa te idealiza, imagina como você é, só pela sua voz.

Seu tom de voz precisa transmitir para a outra parte uma ideia de segurança, confiança e confiabilidade, portanto a maneira como que você fala é tão ou mais importante do que o que você fala em si.

## #Cordialidade

Educação, respeito e gentileza são fundamentais no contato de sucesso. Por telefone, esses atributos devem ser redobrados. Por isso, em um contato jamais desligue ou interrompa uma ligação, ainda que ela esteja hostil. É importante tratar o cliente com cordialidade, pois gentileza gera gentileza, promove a educação e constrange quem não está sendo empático. Outro fato importante é evitar usar gírias, mesmo com os jovens ou clientes conhecidos, pois essa informalidade pode forçar uma amizade que não existe, e que no final vai prejudicar e afastar mais o cliente do que aproximar.

# #Melhor horário para telefonar

Estudos voltados à ciência, cronobiologia e ao *timing* perfeito comprovam que existem determinadas horas do dia em que a probabilidade de fechamento de negócio de vendas e de uma prospecção de sucesso acontecer é mais alta. Geralmente ocorre entre às 8h00 da manhã até 12h30 e 16h00 às 17h30. Isso quer dizer que no restante dos horários eu não devo telefonar? Não, estamos dizendo que existem horários mais propícios para uma venda, agendamento de reunião e apresentação para acontecerem com mais produtividade de resultados.

Vale prestar atenção também se a outra parte está com disponibilidade para atender. Nem sempre é possível adivinhar o que o cliente está fazendo, então pode pintar a dúvida se o momento da ligação é oportuno para uma interrupção, para a apresentação de um negócio ou conversa. Talvez realmente o cliente esteja ocupado ou envolvido em um projeto, uma reunião ou almoçando e não possa falar. Uma prática atual é iniciar a conversa com carinho e cuidado via WhatsApp e logo entrar no processo para uma ligação. Ligar é muito importante e alguns vendedores têm vergonha de fazer isso e até acreditam que estão incomodando seus clientes ou *prospects*. O fato é que, se você não liga, seu concorrente liga.

Para o início da ligação, apresente-se rapidamente com nome, cargo, empresa e um benefício de destaque, e, logo em seguida, questione se aquele momento é adequado para uma breve conversa ou se existe um horário mais específico para retorno. Mas fique ligado, seja esperto para perceber no tom de voz da outra parte como o cliente se comunica, se está apenas querendo dispensar a ligação ou se realmente é melhor falar em outro horário e dia, pois o cliente demonstra um interesse implícito quando aceita agendar o próximo contato.

Elaborar um documento reunindo os principais benefícios das soluções, e abaixo, perguntas e objeções mais frequentes dos clientes e as respostas mais indicadas para utilizar e superar objeções é muito mais do que um mero resumo. Um material de consulta como esse pode ser de grande valia para relacionamentos comerciais, da prospecção ao pós-vendas.

## #Melhores dias para telefonar

Vimos em um dos tópicos anteriores que existem determinadas horas que favorecem a prospecção, e com os dias da semana não é diferente.

O ideal é sempre focar os dias úteis, de segunda-feira a sexta-feira. Mesmo que o cliente tenha uma jornada de trabalho que envolva sábado e/ou domingo, a cultura empresarial aponta que contatos de negócios tendem a obter mais sucesso quando feitas durante a semana.

Após reduzir de sete para cinco dias como possibilidade de contato, essa recomendação diminuirá ainda mais esse intervalo de dias. Como prática de mercado, os vendedores devem evitar as pontas da semana, ou seja, segundas e sextas-feiras. Por qual motivo?

A segunda-feira normalmente é um dia em que acontecem muitas reuniões, compromissos e acúmulos de tarefas. Além disso, é o dia em que as pessoas ainda estão se organizando, voltando do final de semana e até mesmo com resistência para começar a jornada da semana. Você também já deve ter ouvido frases sobre como a segunda-feira é o pior dia para alguns profissionais, certo? Nem sempre é verdade, vai depender do perfil do cliente, do setor e do negócio. Não há obviedade em vendas.

Logo, a sexta-feira é o último dia útil da semana e normalmente as pessoas estão querendo encerrar suas atividades, ir logo para casa e descansar. As sextas-feiras são marcadas, em diversas empresas, como o dia de entrega, em que todos estão querendo fechar os relatórios, entregar serviços que haviam se comprometido e fechar a semana. Nesse dia, os clientes não estão muito abertos aos contatos ou a tomar alguma decisão que dê mais trabalho.

Claro que para toda regra existe uma exceção. Para alguns segmentos, como varejo, mercado imobiliário, lojas e comércios, por exemplo, sexta-feira, sábado e domingo são os melhores dias, de extrema prospecção. Nesse segmento, o vendedor pode telefonar à vontade.

Vale concentrar os contatos de prospecção na terça, na quarta e na quinta-feira, lembrando que os melhores horários são na parte da manhã, entre 8h00 e 11h00, no máximo, já que muitos clientes preferem receber esses contatos no início do dia, e entre 16h00 e 17h30 também é interessante fazer novos contatos, mas com uma tendência de menor conversão, por ser final do expediente em muitas organizações.

Invista tempo conhecendo as características e os comportamentos de seus clientes. A partir das preferências mais frequentes dos clientes, e entendendo como o seu mercado se comporta — o que inclui o que a concorrência está fazendo para prospectar —, você pode aperfeiçoar seu trabalho e identificar os melhores dias e horários.

# PROSPECÇÃO PELO LINKEDIN

Para falar de uma rede social com caráter profissional bastante atual, vamos voltar ao passado. Em 1990, Stanley Milgram criou A Teoria dos Seis Graus de Separação, que se originou a partir de um estudo científico que teorizava que, no mundo, são necessários no máximo seis laços de amizade para que quaisquer duas pessoas estejam ligadas. No estudo, feito nos EUA, buscou-se, por meio do envio de cartas, identificar os números de laços de conhecimento pessoal existentes entre duas pessoas quaisquer. Cada pessoa recebia uma carta identificando a pessoa alvo e deveria enviar uma nova carta para a pessoa identificada, caso a conhecesse, ou para uma pessoa qualquer de suas relações que tivesse maior chance de conhecer a pessoa alvo. A pessoa alvo, ao receber a carta, deveria enviar uma carta para os responsáveis pelo estudo. Um estudo tão incrível que virou filme.

Em 2016, o Facebook chegou a fazer uma experiência para comprovar a teoria e chegou ao resultado de 16%. Ou seja, você e eu estamos a uma distância de seis pessoas de quem a gente quiser. Pense em um ídolo, símbolo de sucesso ou alguém que gostaria de conhecer, acredite que você está a seis graus de distância ou conexão dela.

No LinkedIn, nós também estamos a seis pessoas de distância das conexões que desejamos. O LinkedIn aproveitou esse conhecimento e criou uma das maiores redes de relacionamentos profissionais jamais vistas antes. Uma das plataformas mais extraordinárias! Mas há ainda profissionais de vendas que desconhecem essa rede e não estão conectados. Por isso, antes de continuar, se você é um profissional de vendas que não possui um perfil no LinkedIn, cadastre-se agora mesmo. Feito isso, vamos entender quais adendos precisa colocar na hora de criar a sua página.

**Qualidade do perfil do vendedor** – Se você não sabe como utilizar essa plataforma, existem diversos vídeos explicativos para isso no YouTube e no próprio LinkedIn.

**Seja Premium** – Existem duas modalidades: LinkedIn (gratuito) e LinkedIn Premium (com mensalidades), em que recebe mais vantagens, tendo acesso a uma área de SEO (*Search Engine Optimization*), que é um conjunto de técnicas que um profissional pode implementar em seu perfil, visando alcançar melhores resultados em pesquisas dentro da rede social que facilitam a prospecção.

**Aprenda Inglês** – Vendedores de alta performance buscam aprender novos idiomas e melhoram não apenas a prospecção, mas o perfil profissional. Com muitas empresas de atuação global ou que tenham documentos em inglês, é uma habilidade essencial para o mundo dos negócios.

**Obtenha o LinkedIn Ramper** – Trata-se de uma ferramenta de automação que faz uma prospecção detalhada de seu público-alvo. Veremos mais detalhes sobre isso adiante.

Ter técnicas avançadas de prospecção via LinkedIn é também poder explorar todo o potencial que o cliente tem por meio de uma grande fonte de dados B2B, obtendo dados dos contatos da maneira mais adequada sem ser inconveniente.

O LinkedIn é o lugar em que o vendedor encontra informações completas e atualizadas sobre clientes potenciais, profissionais e empresas. São 850 milhões de usuários no mundo, e só no Brasil, são 58 milhões de profissionais conectados (2022). Mais do que uma rede para se relacionar com pessoas, compartilhar informações, entre outras funções tradicionais das redes sociais, o LinkedIn tem caminhado cada vez mais para um ambiente de negócios e de prospecção.

Quando pensamos em prospecção via LinkedIn, acontecem grandes equívocos que a maioria dos vendedores comete: enxergar a rede como um ambiente para autopromoção, divulgando serviços e produtos, além de fazer abordagens diretas (aquilo que não devemos fazer, como aprendemos na triangulação).

Quantos profissionais de vendas adicionam clientes potenciais em massa, acreditando que aumentar a rede deste modo pode aumentar sua influência e suas vendas? Trata-se de uma estratégia ultrapassada e sem produtividade, já que o LinkedIn exibe conteúdos por relevância, e não de acordo com a quantidade de contatos.

Outro erro é tentar abordar clientes potenciais por meio do InMail, ou seja, prospectos com cargo de decisão tem sido cada vez mais abordados por profissionais querendo vender seus produtos ou promover suas empresas, ignorando as regras da boa vizinhança da plataforma, o que os tornam nada afetivos. Lembra da importância de criar Afeto e Relacionamento? Pois então, é justamente nessa hora que e-mails vão direto para a caixa de spam dos clientes. Quando enviar mensagens contendo palavras como: promoção, oferta e grátis, automaticamente a inteligência tecnológica faz o trabalho de poupar as pessoas de incômodos.

O ideal é contatar primeiro a pessoa que você deseja conversar, mandar um convite para entrar na sua rede de contatos e, a partir desse momento, iniciar um relacionamento. Antes de comprar o produto ou o serviço, o cliente em potencial precisa comprar você — sua imagem, sua reputação, seus conhecimentos.

Mas aqui vale o lema "deixe-os livres para decidir se querem ficar". Envie conteúdos de interesse para o cliente, mantenha uma boa regularidade de envios de conteúdos digitais, educando-os sem se exceder.

Mas, afinal, como prospectar no LinkedIn de maneira efetiva?

Defina o perfil ideal de cliente que deseja prospectar: decisores de área de negócios de grandes fabricantes de tecnologia, varejo, comércio;

Construa filtros para endereçar esses clientes potenciais na rede, usando dados como cidade, tipo de segmento, cargo etc.;

Adicione vários perfis de clientes utilizando seu próprio perfil no LinkedIn e passe a abordar aqueles que o aceitam; e

Com a finalidade de administrar o fluxo, crie uma planilha para controlar o status de cada prospecto, ou seja, quem já adicionou você, quem já aceitou, quem teve um primeiro contato, quem respondeu etc.

Após ver esse processo funcionar e constatar que a estratégia funciona, você agendará reuniões, que são resultado das abordagens, e fechará grandes negócios a partir disso, e não vai mais querer parar de prospectar por esse canal.

Mas a melhor notícia é que ainda existem ferramentas que podem superar esse processo manual: Rampers.

Trata-se da oportunidade de desenvolver o Ramper, para fazer esse processo de forma mais otimizada e organizada. O Ramper faz todo o trabalho duro de capturar dados disponíveis no LinkedIn, como o e-mail corporativo de cada cliente.

Além disso, oferece a possibilidade de selecionar contatos do LinkedIn e enviá-los diretamente para suas cadências de *cold mail*, o que dá um ganho de produtividade gigante na prospecção.

Utilizando o LinkedIn você pode se aproximar de qualquer conexão de forma mais potente.

Evolua e aproveite as ferramentas que estão disponíveis para você.

# PROSPECÇÃO PELO WHATSAPP

Se você, assim como nós, utiliza frequentemente esta ferramenta, sem dúvida troca muitas mensagens, recebe conteúdos e até tem vontade de silenciar determinados grupos para sempre, não é mesmo?

Por mais que utilizemos o aplicativo para conversar e enviar propostas de negócios para o cliente, ele é bem mais que isso. Trata-se de um aplicativo de relacionamento. E, como toda base de vendas está no relacionamento, este capítulo traz grandes reflexões sobre o jeito correto de usar o famoso "Zap Zap".

As vendas pelo WhatsApp surgiram como uma alternativa estratégica com a evolução do mercado e do modo de compra dos consumidores; os clientes fecham negócios e os vendedores prospectam e vendem. É uma ferramenta que tem se tornado importantíssima e aliada do resultado de vendas de muitas empresas e profissionais de vendas.

## #Prospecção usando WhatsApp Business

Perante esse contexto, um dos primeiros passos para o vendedor e a vendedora de alta performance prospectarem de maneira correta é baixar a versão Business do WhatsApp e separar os amigos dos clientes, auxiliando o gerenciamento dos contatos e evitando, assim, correr o risco de acabar misturando os assuntos e enviando piadas para o cliente ou fazendo postagens pessoais no Status. Ele auxilia até mesmo a personalizar seu perfil com mais seriedade, ética e qualidade, afinal, o WhatsApp Business não é para enviar figurinhas de bom dia, piadas ou correntes de oração, concorda? Isso acaba com qualquer vínculo de confiança e profissionalismo com cliente.

Além disso, o WhatsApp Business permite que o profissional de vendas tenha recursos diferenciados, como as métricas, que permitem saber quantas mensagens foram enviadas, entregues e lidas; categorizar os clientes ativos e inativos; diferenciar e classificar os clientes potenciais, aquele em que você já realizou alguma campanha; criar listas de transmissões específicas para cada perfil de público; criar catálogos de produtos e serviços etc.

No perfil do WhatsApp Business é possível incluir dados da empresa, como horário de atendimento, site, e-mail, mensagens personalizadas e automáticas, além de endereços físicos e digitais de outras plataformas, favorecendo a taxa de conversão.

Essa versão também proporciona a criação de etapas de funil, em que é possível entender se o cliente já comprou, se o pagamento está pendendo ou aprovado e se o serviço já foi prestado. Considerando tudo que vimos, tem alguns passos bem importantes que devem ser padronizados para o profissional de vendas evoluir.

Avise aos clientes que sua empresa possui um WhatsApp corporativo.

Faça uma divulgação nas redes sociais da sua empresa, cartão de visita e site para que os prospectos interessados ou *leads* procurem por você a qualquer hora, até mesmo nas madrugadas, em que os índices de navegação e vendas são altos. Salve em seu celular uma base de contatos de seus clientes para facilitar o acesso a eles por meio do aplicativo, e os nomeie com características marcantes que ajudem na hora de encontrá-los. Isso evita também que você troque os clientes cujos nomes são iguais.

Evite utilizar WhatsApp pessoal. Tudo isso é importante, pois cada cliente se sentirá único sabendo que o vendedor se lembra dele.

## #Personalize as mensagens

Cada cliente deve ser especial e tratado de forma peculiar. Não generalize!

Quando existe personalização para cada cliente, eles se sentem seguros, valorizados e importantes, portanto, mais aptos para realizar uma compra, já que o interesse em se sentir valorizado é um dos motivos pelos quais os clientes gastam em artigos de luxo, carros importados, roupas de grife/marca, viagens caras e bens materiais.

Se você quer se tornar um vendedor de alto desempenho, mas costuma enviar a mesma mensagem a todos os seus clientes, mude isso imediatamente.

## #Transmita segurança e fluidez

Por mais que o cliente em potencial o conheça de alguma forma, ele precisa sentir segurança ao falar com você. Precisa encontrar seriedade em suas palavras, coerência e pontualidade. Contudo, mesmo com nossa experiência treinando diversos vendedores, e até mesmo lidando com eles diariamente, percebemos o quanto lotam seus WhatsApp de *prospects* e os perturbam com mensagens imensas, totalmente desnecessárias e redundantes.

Outro fato é que não sabem seguir o mestre. A dinâmica de seguir o mestre está em perceber qual o tipo de ferramenta que o cliente está preferindo utilizar, se comunicar via texto ou via áudio, e seguir seu ritmo. O profissional de vendas deve prestar atenção caso o cliente precise de uma resposta mais explicativa, optando, neste caso em especial, por respostas em áudio.

Porém, tirando esse caso em especial, pode acontecer de o cliente continuar respondendo apenas por texto, e, neste momento, você tem que ser esperto e seguir o mestre. Às vezes, o cliente não está com humor para áudios, não está com tempo ou saco para conversas faladas. Vendas pelo WhatsApp têm disso. Portanto, vale se enquadrar e seguir o mestre.

## #Seja presente

Não demore a responder uma solicitação do cliente. Se ele fez um questionamento, por mais simples ou difícil que seja, responda! Se não estiver disponível, não visualize a resposta até que possa realmente respondê-lo. Não espere três dias para responder um simples "ok", seja atencioso e sempre disponível. Além disso, seja gentil, educado, e inicie algum diálogo sempre dando bom dia, boa tarde e perguntando se o cliente está bem, agradecendo por sua atenção.

Não exagere nos emojis. Utilize apenas aqueles mais adequados para representar a satisfação do seu atendimento. Tudo isso transmitirá a ele todo o cuidado que você, vendedor, tem para com ele, e isso criará laços fortes no seu relacionamento comercial.

# PROSPECÇÃO PELO TELEGRAM

Falamos muito do WhatsApp, mas a ferramenta Telegram lhe dará mais oportunidades de contatos, listas, envio de vídeos, áudios, fotos. Trata-se de um aplicativo muito inteligente para os negócios, logo, você poderá migrar de ferramenta. Se fizer essa mudança, precisa informar ao cliente que há novas oportunidades e informações da empresa e encaminhará o cliente ao aplicativo Telegram. Assim, você fará o cruzamento das plataformas para negociar com o cliente, ou seja, efetivará o conceito Omnichannel (vários canais de atendimento) nos negócios, ampliando a forma de contato.

## Conteúdo e Convergência

Muitas vezes, para efetivar a venda, é necessário convencer o cliente a comprar, porém, ainda o famoso CVB (Características, Vantagens e Benefícios) é uma das melhores alternativas para a prospecção.

Por exemplo, você possui uma empresa de segurança e o cliente quer saber as características da sua câmera, monitor, sensor de presença, como é o funcionamento do sistema etc. Só que essas informações não são as mais relevantes, mas são necessárias para a tomada de decisão, pois o cliente tem que saber como ficará seguro no condomínio.

Neste caso, você tem uma excelente oportunidade de transformar seus argumentos de vendas em vantagens e benefícios. As vantagens podem ser traduzidas em fatores que diferenciam sua solução no mercado, enquanto os benefícios mostram o que a solução faz para resolver o problema do cliente de forma efetiva.

Também é interessante inserir um conteúdo digital, como e-book, Facebook e catálogo informativo, assim sua empresa estabelecerá uma relação aberta com esse cliente na plataforma do WhatsApp ou Telegram e assim manterá a relação de gestão de prospecção.

Após as dicas de vendas, nada mais importante do que falar sobre campanha de vendas. Neste quesito, é de suma importância atribuir todas as possibilidades de gatilhos mentais.

Mas o que são os gatilhos mentais? São ações que você faz pensando com base no comportamento humano, de como o cérebro funciona e como é o comportamento dos clientes, seja B2B (empresas) ou B2C (varejo, consumidor final). Isso fará você pensar em como converter a comunicação da campanha por meio das estratégias dos gatilhos mentais em negócio fechado para escalar o seu negócio, crescer as vendas por meio desse aplicativo. A seguir darei algumas dicas rápidas para colocar os gatilhos mentais em prática.

Escassez e urgência: últimas unidades, primeiro lote, último lote, preço válido até o dia xx/xx/xxxx. Assim o cliente vai perceber que essas oportunidades são para poucos e, se ele demorar muito, perde essa condição;

Aprovação social: divulgação de depoimentos de clientes que já compraram produtos e serviços e ficaram satisfeitos. Isso resultará na comprovação de satisfação na opinião de terceiros que compraram seus produtos e serviços. Assim como consultamos em sites de eletrônicos e, antes de fechar a compra, consultamos as opiniões de outros consumidores referentes à satisfação do produto e da empresa, a aprovação social traz segurança para um cliente em potencial fazer negócios com você.

Os comentários e as opiniões dos clientes são muito importantes para os empresários, para entender a qualidade, eficiência e tantos outros atributos da sua marca e produto.

Outra situação em que os gatilhos mentais podem ser aplicados são as novidades, pois há clientes que adoram novidades e lançamentos do mercado para ser um dos primeiros a adquirir o produto. Então você pode usar esse gatilho mental para inserir na propaganda, com palavras como: exclusividade, lançamento, seja um dos primeiros. Claro, isso dependerá da natureza do seu produto.

Autoridade: qual a credibilidade que você, sua marca e seu produto têm no mercado? Como anos de experiência; quantas palestras você efetuou em negócios/educação; quantidade de produtos vendidos; quantidade de clientes que atende; se é apenas na sua região e no seu bairro; se é em outra cidade, outro estado, no país ou no mundo. Ou seja, mostrar o quanto você é especialista no assunto para as pessoas confiarem em você para fechar os negócios.

## Garantia

No seu produto e serviço, você pode oferecer satisfação garantida ou o seu dinheiro de volta?

Se sua resposta foi sim, você pode pensar em uma garantia estendida, onde o cliente poderá procurar sua empresa para ter seu dinheiro de volta por exemplo ou onde ele pode contratar outro tipo de serviço.

Você pode pensar em assistência técnica ou suporte para o cliente promovendo um local onde ele poderá recorrer para solucionar seus problemas.

Você pode estruturar essas informações na nova campanha de vendas e no cronograma de mensagens que serão enviadas aos clientes.

Pois não adianta você enviar a mensagem hoje e daqui a uma semana iniciar retornos dessa campanha, consequentemente, as vendas pelo WhatsApp e demandas não aumentarão.

Nossa recomendação é você deixar as demais prospecções de lado para ter foco na campanha, caso contrário não terá resultados positivos, pois você não deu atenção para todos os clientes que lhe procuraram, assim não terá recorrência na campanha.

Sendo assim, trabalhe com a quantidade que você pode atender e lidar com efetividade e sucesso com a campanha via WhatsApp Business.

# PROSPECÇÃO PELO E-MAIL

Ainda devemos prospectar por e-mail, já que existem outras ferramentas mais fáceis, rápidas e modernas? Afinal, quais são as tendências, o passo a passo e as principais métricas para prospecção via e-mail?

Saber como montar e-mails de prospecção e de forma que faça do e-mail seu aliado para gerar mais oportunidades de negócio para sua empresa não é para qualquer um. Tem muito vendedor "metendo os pés pelas mãos" nessa hora, agindo apressadamente. Imagine quantos e-mails irrelevantes nós descartamos diariamente sem ao menos checar o conteúdo. A sua resposta provavelmente é: vários, certo?

Estamos no ápice de uma overdose de informações, caracterizada em decorrência da tecnologia, que a cada dia aumenta e entope as nossas caixas de entrada com dezenas de e-mails, sendo a maioria de *spam*, mensagens automáticas e promoções imperdíveis que não nos interessam de fato. Como vendedor e vendedora, dedicar tempo lendo esses e-mails, tendo uma agenda exigente, é impossível. Quem dirá seu cliente potencial.

Mas certamente, após ler um título de e-mail criativo, você também se interessou pelo e-mail e parou tudo o que estava fazendo para dar uma olhada no conteúdo e, surpreso, se deparou com uma ótima oportunidade de negócio ou um assunto realmente do seu interesse, não é mesmo? Acontece com os melhores profissionais de vendas.

A explicação para isso é que o e-mail personalizado é uma forma realmente efetiva de gerar novos negócios por meio da internet. O e-mail está mais vivo do que nunca!

Se você ainda não faz prospecção por e-mail, está perdendo tempo e oportunidades de negócio. Além disso, se sua organização já faz prospecção por e-mail, mas não está conseguindo resultados efetivos, é bem provável que a equipe de vendas não esteja fazendo isso do jeito certo, robotizando os e-mails e obtendo zero de retorno. Fatores como falta de acompanhamento das mensagens, follow-up e falta de abastecimento de informações no *mailing* ou sistema também podem interferir negativamente no processo de prospecção, tanto no e-mail como em diferentes canais.

A intenção principal no contato por e-mail é conseguir uma resposta do cliente potencial. Por isso, toda a sua estrutura deve ser elaborada para que o prospecto se encarregue de duas ações: abrir e responder o e-mail.

Para elaborar um e-mail atrativo e que desperte o interesse dos seus clientes, você precisa estruturá-lo em cinco partes.

## 1) Aparência

Não precisa muito para apagar um e-mail sem ao menos checá-lo. Basta dar uma olhada no aspecto visual, na desordem das cores e assuntos para perceber quais e-mails são potenciais spams ou campanhas genéricas não segmentadas.

Por isso, na hora de montar um e-mail, utilize técnicas para se diferenciar e tornar seus e-mails mais atrativos, acalorados e personalizados, aplicando harmonia na organização da escrita e coerência na sequência de informações.

## 2) Assunto do E-mail

As linhas de assunto são o cartão de visita do seu e-mail. Pesquisas comprovam que, depois do destinatário, ou seja, a relevância de quem mandou o e-mail, é o item que mais impacta na hora de clicar ou não para abrir a mensagem. O título é tão importante que precisa ser atrativo, chamar a atenção e despertar o interesse. Caso contrário, todo o restante do e-mail nem será conhecido pelo seu cliente em potencial, pois vira lixo eletrônico.

Portanto, utilize títulos criativos, que criem curiosidade para abrir, que podem ser personalizados com o nome de quem vai recebê-lo, pois estes recebem taxas de abertura 30% maiores.

- Além disso, na elaboração do assunto:
- Comece fazendo perguntas, toque em alguma dor;
- Responda essas perguntas por meio de bons conselhos, citações ou frases de impacto;
- Use assunto de interesse entre você e o cliente;
- Dê uma solução por meio de informação ou novidade; e
- Chame para ação.

## 3) Conteúdo do E-mail

Após tomar a decisão de abrir seu e-mail, o potencial cliente avaliará o conteúdo. Portanto, ele deve ser breve, dinâmico e objetivo. Tenha segurança de que a informação que você quer enviar seja relevante para o cliente.

Use palavras descomplicadas, fáceis de entender e evite jargões e termos técnicos, para que o prospecto o compreenda melhor nos contatos iniciais.

Além de personalizado, que agregue valor o suficiente para que ele se sinta estimulado a responder. O ideal é que a leitura de todo o texto seja feita em até três minutos.

Evite começar com o padrão: "Eu sou fulano X, da empresa Y e gostaria de uma oportunidade". Nada disso! Seu nome e o nome da sua empresa já estarão na assinatura. Inicie o e-mail fazendo uma afirmação inteligente/criativa para que o cliente possa entender do que se trata, e falando sobre possíveis problemas/características/informações relevantes que você já tem sobre seu cliente.

- Use palavras-chaves em negrito;
- Use links com materiais inovadores; e
- Mostre cases de sucesso, e como sua solução já ajudou outras empresas com perfil semelhante.

O primeiro parágrafo precisa despertar a atenção e provocar que a pessoa queira ler o restante da mensagem. Você pode começar falando de um problema frequente que tem observado em empresas como a do cliente, pode trazer dados de pesquisas de mercado ou informações mais recentes da imprensa sobre notícias que podem afetar o segmento de mercado do cliente.

Em seguida, você pode contar como sua experiência de mercado ou soluções em produtos e serviços tem ajudado clientes a lidarem com o problema, resolverem a situação ou amenizarem a dificuldade enfrentada por empresas semelhantes às do cliente.

Nesse momento da mensagem, o leitor já deve estar interessado em continuar a leitura da mensagem, concorda? Por isso, você pode entrar agora reforçando a importância do cliente e valorizando as soluções que pode oferecer. Destacar que a agenda do cliente deve ser muito ocupada, com tantos assuntos importantes, mas que dedicar um certo período de tempo — por exemplo, uma reunião de 30 minutos ou 1 hora — pode ser uma forma de entender o passo a passo para cumprir sua proposta de valor, que pode ser: reduzir tempo/custo, aumentar produtividade, elevar satisfação de clientes, diminuir preocupações etc.

## #Estimule a resposta do cliente

O objetivo principal do seu e-mail de prospecção é agendar uma visita, ligação ou reunião para entender quais as necessidades do seu cliente e oferecer o seu produto, serviço e soluções.

Feche o e-mail com perguntas que levam para uma ação, chamadas de CTA (*Call To Action*). Não recomendamos o uso de perguntas fechadas, cuja resposta seria sim ou não, mas perguntas que ofereçam respostas mais amplas. Que tal agendarmos uma reunião para conhecer suas necessidades e entender seus desafios, pode ser essa semana ou na próxima?

Evite colocar mais de um contato por e-mail. Concentre a atenção do cliente em você, inteiramente na reação que você deseja que ele tenha após terminar a leitura do seu e-mail. Convide-o para entrar em contato, acessar seu site, baixar seu conteúdo ou participar de algum curso que esteja oferecendo.

## #Assinatura

Crie uma assinatura bem estruturada, que deixe a impressão de confiança, seriedade e comprometimento. Além do seu nome e sobrenome, deixe o link para o site da sua empresa e seus contatos: telefone comercial/celular e e-mail. Se couber ou achar pertinente, pode colocar também link para seu perfil no LinkedIn, Instagram e outras páginas de redes sociais.

# RESILIÊNCIA NA PROSPECÇÃO

Os profissionais de vendas que enfrentam mais dificuldades de lidar com as decepções, frustrações e conflitos do dia a dia em vendas terão mais adversidades na prospecção e nas demais etapas de vendas.

Vendedores pouco resilientes, com falta de maturidade para ouvir um "não", que não querem se submeter às tarefas desagradáveis ou querem evitar o trabalho duro de prospectar, acabam aumentando o índice de estresse entre os profissionais de vendas e contagiando quem ainda se submete aos processos complexos.

A falta de resiliência e a possibilidade de ouvir uma negativa do cliente forma vendedores e vendedoras despreparados para a rotina de vendas: imaturos, sem conhecimento sobre o sentido verdadeiro dos negócios, altamente sensíveis às dificuldades, dispersos, desorientados, arrogantes e intolerantes.

É fácil identificar vendedores pouco resilientes. Geralmente, apresentam comportamentos frequentes como críticas e reclamações sobre a empresa e seus produtos, os clientes e o mercado. Não querem superar as mesmas dificuldades que os demais superam e não ficam declarando cases de sucesso que deram certo na vida, sem precisar sofrer tanto, trabalhar muito ou submeter-se a regras.

Diante de tudo o que lemos, a melhor notícia é que podemos abandonar a crença de que devemos realizar somente tarefas agradáveis e quando sentimos vontade, e nos alinharmos aos processos que nos levam ao sucesso. E, segundo as maiores celebridades do esporte, da dança, da arte etc., nenhum êxito é alcançado sem dor: *No pain, no gain* (sem dor, sem ganho).

Reflita sobre suas crenças, o que faz sentido manter ou mudar, para entender como podemos dar os próximos passos, a partir dos 3 Ps.

# OS TRÊS PS QUE ESTÃO BLOQUEANDO VOCÊ

Procrastinação, Perfeccionismo e Paralisia são três situações que travam os vendedores ao prospectar, seja em qualquer área de atuação.

## #Procrastinação

Por que fazer hoje se dá para fazer amanhã? Apostamos que essa frase já deve ter passado na cabeça de milhares de vendedores, especialmente pensando em atividades operacionais como inserir dados da prospecção no sistema, ligar para clientes no final do dia, atualizar a planilha do *mailing*, entre outras tarefas.

É incrível como a maioria dos vendedores e das vendedoras querem resultados rápidos, mas não fazem as atividades necessárias, ficam só procrastinando. Naturalmente, a situação termina em estresse, frustração e fracasso, pois é impossível realizar toda a sua lista de prospecção semanal e mensal em um ou poucos dias.

Por olhar a prospecção como uma tarefa gigante, interminável e desgastante, muitos a deixam de lado, prometendo terminá-la amanhã, mais tarde ou semana que vem, qualquer outro momento que nunca chegará. Em outras palavras, são vendedores que têm desculpas para tudo e deixam para o dia seguinte, quando terão mais cabeça, tempo ou disposição para fazer. Embora possa ser verdade em alguns casos, existe uma grande chance de ser só uma forma de postergar o assunto.

Eles se iludem que podem prospectar uma vez na semana, mas nós conhecemos a verdade de fato, e não funciona assim.

Protelação ou procrastinação, como queira chamar, é uma perda de tempo incomensurável! Quase uma doença a que os profissionais de vendas não estão imunes; até os mais experientes podem ser infectados por ela. E, se você não sabe, todos nós a temos! Somos especialistas em protelar quando queremos.

O que muitos da área de vendas ignoram é que cada fracasso na sua carreira é resultado direto de um colapso de autodisciplina de fazer pequenas coisas diariamente. De verdade, todo fracasso, posto disso, é o impacto cumulativo de decisões e deslizes na disciplina e coisas deixadas de lado até que seja tarde demais, ou até que se tenha tornado uma bola de neve.

Como se isso não bastasse, as derrotas com frequência vêm acompanhadas de uma vergonhosa e crescente atividade desesperada, apressada e desperdiçada, tentando adiantar e fazer tudo de uma vez para salvar a própria pele.

É muito melhor dizer "estou cansado", "começo os exercícios amanhã", "a dieta só na segunda-feira", "vou parar de fumar", "vou terminar essa prospecção só na sexta-feira", "vou começar a ler um livro na próxima semana", "farei isso e aquilo amanhã". Mas a pergunta é: amanhã de quando?

O fato é que não há recompensa para a procrastinação. Deixar de fazer as pequenas coisas todos os dias vai arruinar seus esforços para atingir suas metas. A falta de disciplina irá lentamente devorar seu sucesso.

O norte da prospecção: você deve desenvolver a autodisciplina para fazer um pouquinho de prospecção todos os dias. Um vendedor ou uma vendedora não pode esperar até o fim do ano ou até mesmo ao fim do mês para prospectar, é importante prospectar diariamente.

"Empurrar com a barriga" — protelar é fácil, mas o custo é alto. Muitos profissionais de vendas não entendem o preço que pagarão até despertar em um dia e perceber que estão de cara com a lei universal da necessidade, mas com a carteira vazia e um gerente de vendas furioso remoendo uma grande pilha de números para os quais deveria ter telefonado. Nessa hora, surge um grande arrependimento e um sentimento de derrota.

O filósofo e psicólogo norte-americano William James certa ocasião disse: "Até bem pouco tempo atrás, eu pensava que, para agir, eu tinha antes que sentir." Atualmente, nós sabemos que o contrário também é verdadeiro. Você começa a agir e a vontade aparece depois.

Em todos os anos de nossa carreira, raramente encontramos vendedores que disseram: "Ah, nossa! Que vontade enorme que estou de prospectar hoje!" Ninguém que tivesse dormido e sonhado com a prospecção que faria no próximo dia, ou acordado animado porque iria prospectar uma lista de clientes inativos, por exemplo. Isso acontece porque nenhum vendedor anseia calorosamente prospectar, sejamos honestos, certo?

No entanto, a boa notícia é que, ao contrário do que pensamos, não precisamos fazer as coisas somente quando sentimos vontade. Inclusive, realizar as atividades somente quando sentimos prazer ou vontade é uma ideia utópica, desconectada da realidade.

# #Perfeccionismo

Diversas vezes, chegamos a vários escritórios e pudemos observar alguns colaboradores arrumando suas mesas com perfeição. Eles organizavam seus computadores, suas agendas, a altura ideal da cadeira, se certificavam de ter o script certo para fazer uma pesquisa cuidadosa sobre cada cliente em potencial da lista, realizavam pesquisas pelo Google, LinkedIn, pelo site da empresa e revisavam com detalhes o histórico e as anotações de ligações na descrição de seus sistemas.

Uma, duas ou três horas depois, esses funcionários faziam de fato suas primeiras ligações para um cliente potencial sobre o qual fez uma pesquisa meticulosa. Não demorava muito para suas ligações caírem na caixa de mensagem, assim como as demais. Depois de ter se preparado cerca de 3 horas, eles diziam: ninguém mais atende o telefone hoje em dia?

Na quarta tentativa, a maioria parava imediatamente de arrumar as coisas em sua mesa, depois eles pegavam suas coisas e começavam a visitar clientes com quem já estavam fazendo negócios. Em busca de perfeccionismo, alguns deles conseguiram realizar oito ligações de prospecção em cerca de três horas, não conseguindo nada.

Por outro lado, há também aqueles colaboradores de vendas que logo se acomodavam em suas estações de trabalho, pegavam a lista de contatos e começavam a contatar. Uma hora depois, a maioria deles havia realizado cerca de 30 ligações, falado com 10 tomadores de decisões e marcando três reuniões com clientes potenciais. Não estavam perfeitos. Tiveram que superar alguns obstáculos, teriam mais resultado se houvessem feito melhor uma pesquisa do cliente potencial com antecedência, mas esse grupo conseguiu bem mais do que o primeiro exemplo, estavam ganhando muito mais em resultados concretos para a empresa e em comissões para o seu bolso. Na verdade, esse grupo de pessoas era quase o número um do ranking.

No artigo do Huffington Post, "14 Signs Your Perfectionism Has Gotten Out of Control", Carolyn Gregoire afirma: "O fato é que a grande loucura do perfeccionismo é que, enquanto se caracteriza por ser um intenso guia para o sucesso, pode ser exatamente o que o impede (...) O perfeccionismo está fortemente relacionado ao medo do fracasso — não é o melhor motivador, pois existem comportamentos sabotadores, como procrastinação excessiva, por causa disso".

O perfeccionismo gera procrastinação tanto quanto o medo da rejeição e do fracasso. Portanto, use as ferramentas que têm e os recursos que tiver no seu alcance e faça do jeito que você sabe, pois, a perfeição é medíocre, enquanto o amadorismo conturbado pode ocasionar o sucesso.

Você vai se sair bem melhor como o profissional de venda que gasta um bloco de chamadas pesquisando meticulosamente cada cliente potencial do dia. Claro, vai perder algumas coisas aqui e ali se não ler cada anotação, se não prestar atenção na descrição do sistema, se não fizer a pesquisa base ou a sua lição de casa, mas não haverá diferença suficiente para compensar a discrepância de atividade de um representante perfeccionista e um representante que simplesmente pega e faz uma ligação/contato de prospecção.

Veja bem, não estamos dizendo que você não deve pesquisar e fazer sua lição de casa, pelo contrário, até mesmo já o orientamos a fazer isso. Claro que é uma boa ideia pesquisar e organizar os seus contatos. No entanto, faça suas pesquisas com antecedência, ou depois das horas de ouro, com a finalidade de que elas não prejudiquem sua produtividade em prospecção.

Agora, quanto a fazer uma pesquisa perfeita, criar um script perfeito, encontrar a hora perfeita (embora levar em consideração o *timing* ideal para prospectar seja importante) e ter condições, ferramentas e equipamentos perfeitos para somente então entrar em cena é como uma obsessão que a maioria dos profissionais de vendas utiliza para se proteger de uma possível rejeição, preguiça ou procrastinação. A pior coisa que pode acontecer com o vendedor e a vendedora é se iludir ao ponto de acreditar que está funcionando quando na verdade ele não está chegando a lugar nenhum. Nessa hora o profissional precisa assumir o controle da situação.

O maior impacto negativo do perfeccionismo é o diálogo interno. Aquela voz dentro da sua mente dizendo que só vai dar certo quando você tiver todas as informações alinhadas, todas as ferramentas perfeitamente organizadas e o ambiente propício e perfeito para sua atuação. Esse discurso interno se manifesta em comportamentos que tendem a fazer o colaborador trabalhar duro tendo tudo pronto e perfeito, mas sem fazer nada de fato. Alguns chamam isso de síndrome do impostor.

## #Paralisia

Resistir à prospecção a contatar um cliente potencial é algo comum entre os colaboradores de vendas. É quase que "um soco no estômago" dos vendedores que fracassam na prospecção. O conceito de paralisia a partir da observação do ambiente ou da situação transmite a ideia de um vendedor olhando fixamente para o telefone ou para porta da frente de uma grande loja de um cliente em potencial com suas mãos tremendo, mergulhado em um estado de ansiedade, sem ânimo para dar o próximo passo.

Pode até pensar: mas se esse colaborador se sente assim, será que ele não está em um emprego errado? Se ele vive com medo de fazer ligações, a ponto de tremer; na hora de contratar fica com dor de barriga; quando precisa falar com um prospecto suas pernas se mexem e ficam pulando; e ele sente tanto medo de falar com estranhos que acha difícil ir trabalhar ou mesmo sair da cama para vender, de fato essa profissão não é a ideal para o camarada. Deve procurar outra profissão.

Ninguém é obrigado a trabalhar em algo que odeia, além disso, a vida é muito curta para ficar fazendo uma coisa que detesta. Entendemos também que nem sempre se trabalha com o que traz grande satisfação e senso de realização, que muitos profissionais só querem pagar as contas em dia, sem necessariamente ter essa relação de propósito. Neste caso, sugerimos que você faça um teste de perfil comportamental e entenda quais são as suas habilidades, quais funções são mais compatíveis com seu perfil e em quais áreas de atuação você se daria melhor.

Outro fato que é necessário considerar é quando ocorre a paralisia a partir da análise. Parece um termo difícil, mas fácil de explicar. Esse é um problema causado pela insegurança, inexperiência, falta de maturidade e/ou de confiança. Veja um exemplo da análise paralisadora de um profissional de vendas:

- E se o cliente em potencial me disser não?
- E se os clientes disseram isso ou aquilo?
- Como eu saberei se...?
- O que eu devo fazer se...?

Em vez de apenas contatar, enviar um e-mail, mandar mensagens, ir de porta em porta e lidar com o que vem a seguir, deixando de lado a ansiedade, suposições ou preocupações, o profissional em questão continua em uma confusão emocional de focar o "e se", frequentemente seguido de uma tentativa de colocar cada informação em seu lugar, querendo controlar a ação da outra parte.

## #Bloqueando os 3 Ps

Quando nós estamos trabalhando, e estamos bloqueados por todos ou por um dos três Ps, não focamos a ligação, o e-mail, a mensagem. Muitas vezes, queremos abraçar o mundo e fazer tudo de uma vez.

Um contato de cada vez, essa é a regra do jogo da personalização. Já comentamos algumas vezes aqui no livro que a mensagem deve ser customizada, cordial e calorosa, mas como fazer isso bem feito quando procrastinação, perfeccionismo e paralisia tomam conta de você?

Começamos com uma recomendação: estado de presença. Sabe o que isso significa? Que você deve estar presente naquele momento! E se fazer presente é ter foco no que está fazendo, evitando desvios de atenção, ficar divagando ou fazendo outras coisas que não sejam a atividade de prospecção. Lembre-se sempre de que seu próximo contato pode ser o início de um grande negócio ou até de uma parceria duradoura, mas você precisa prospectar.

Quando você percebe que os clientes potenciais não estão o rejeitando ou tratando mal, fica mais fácil relaxar a tensão e a ansiedade, tomar uma atitude e seguir adiante com mais entusiasmo.

Acredite, é possível bloquear os três Ps. Em primeiro lugar, é preciso desenvolver o autoconhecimento, entender e potencializar seus pontos fortes, conhecer e trabalhar competências para minimizar os pontos fracos.

Se você é um profissional procrastinador, desenvolva habilidades de planejamento, gestão do tempo e produtividade. Se é um profissional perfeccionista, entenda até que ponto a observação em cada detalhe ajuda ou atrapalha. Se é um profissional que se sente paralisado diante de desafios, perceba de onde vem essa insegurança e como pode trabalhar esse ponto para deslanchar.

E se mesmo assim você sente que não consegue eliminar os bloqueios de um, dois ou três Ps, o que fazer? Então, a recomendação é: pegue o telefone e comece a fazer as ligações, abra o computador e comece a redigir os e-mails, enviar as mensagens e contatar os clientes em potencial. Tem horas que é preciso encarar de frente os desafios. E, mesmo que tenha todas as orientações sobre o que fazer, é você que deve tomar as rédeas da situação e ter uma postura de protagonista.

Todos nós aprendemos "a nos virar" quando nos encontramos no aperto de alguma situação desafiadora.

Todos temos um pouco dos três Ps. Observamos demais, ficamos obcecados por obter mais informações, pensamos muito nos potenciais resultados, nas ligações de prospecção, e às vezes ficamos sem ação de tanto planejar. Com a finalidade de bloquear/interromper esse ciclo da inação, é preciso querer parar de reunir tantos fatos, parar de achar que precisa de mais treino, pesquisa e qualificação, ou que não é o momento certo. Precisa parar de se preocupar com o "e se" e fazer, nem que seja para errar.

# PILARES DA RESILIÊNCIA MENTAL

A esta altura da leitura, já ficou evidente que a profissão de vendas é dura, exigente e desafiadora, certo? A pressão surge de todos os lados!

Nesta área é preciso ter boa apresentação, bom desempenho, ser motivado, persistente e disciplinado. O profissional deve entregar resultados ou será demitido, ou, se trabalhar como autônomo, não pagará as contas ao final do mês. Na profissão de vendas, o foco central não é o que vendeu, mas o que está vendendo hoje — o passado já foi.

Os profissionais de vendas que aprenderam a arte da prospecção já entenderam que vão receber (e recebem) mais rejeição antes das 10h do que outro vendedor receberá durante o resto do dia. A verdade é que muitas pessoas não durariam um dia inteiro na área de vendas. O medo da rejeição os consome tanto que preferem passar necessidades financeiras e atrasar as suas contas do que realizar um contato de prospecção. Costumamos definir os profissionais de vendas como resilientes, aqueles que aguentam o tranco, como vendedores campeões semelhantes aos ginastas de elite, que ganham medalhas e troféus em primeiros lugares sorrindo, mas com seus pés estraçalhados. Estes são os profissionais de alto desempenho que toda empresa precisa para obter os números e deixar os acionistas satisfeitos.

Em suma, sem os vendedores e as vendedoras de elite, não existem novos clientes em potencial, não existem lucros, metas atingidas, crescimento, e nada de equipe, nada de empresa ou resultados. Por isso, chegando ao final deste exemplar, queremos lhe perguntar: você é um vendedor/vendedora de elite?

Semelhante aos ginastas de ponta, você vai precisar dar duro no treino para atingir seu desempenho máximo, dia após dia. Pois todos os profissionais de elite — nos esportes ou nos negócios — fazem exercícios pesados no treino e no trabalho para alcançar seus objetivos. Os campeões obtêm um diferencial competitivo devido à resiliência mental que apresentam.

Pesquisas recentes comprovam que a resiliência mental é mais importante do que talento, do que experiência e até mesmo do que educação, habilidade ou técnica. Resiliência mental é a razão pela qual os ginastas conquistam os primeiros lugares e prosperam com muita pressão, enquanto outros retrocedem ou hesitam.

Essa competência é tão fundamental que, em processos seletivos, diversas empresas contratam profissionais com menos experiência, técnica ou habilidade, porém, com mais resiliência mental. Há colaboradores de vendas que suportam o tranco, as pressões, as cobranças, os "nãos", mas há outros colaboradores que são frágeis, sensíveis ou que não têm possibilidades de lidar com as decepções.

A resiliência mental, conhecida também como uma pessoa "dura na queda", firme e inabalável, é a razão por que alguns vendedores e vendedoras são eternas celebridades, enquanto outros com o mesmo nível de talento tremem como vara verde quando as coisas ficam difíceis.

Podemos identificar oito características fundamentais da resiliência mental, são elas:

**Necessidade** – Um vendedor que precisa de recursos mais elevados vende qualquer produto ou serviço, e não tem tempo ruim;

**Autoconfiança** – O colaborador que confia em si mesmo, em sua capacidade, que sabe apresentar suas ideias com clareza e sem parecer arrogante, que enfrenta os desafios e sabe tomar boas decisões, mesmo quando está sob pressão, sempre está em primeiro lugar no ranking;

**Controle da Atenção** – Quando o profissional de vendas aprende a capacidade de reconhecer quando sua atenção está sendo roubada (ou tem o potencial de ser roubada) e mantém o foco, a probabilidade de fechar novos negócios é maior;

**Redução da energia negativa** – O colaborador de vendas opta por ser leve ao invés de reclamar de tudo, por isso é capaz de reduzir a radiação negativa que atrai situações ruins e fechadas;

**Aumento da energia positiva** – Quando o vendedor ou a vendedora faz exercícios físicos, tem um tempo a sós consigo mesmo – seja por meio de uma caminhada para pensar e ter ideias, seja meditando, seja em um lazer –, ele também está colaborando para a redução do cansaço e aumento da vitalidade e disposição. Ele está se conectando com seu interior. Quando o vendedor pensar positivo, ele emana energias boas e até evita que percalços aconteçam;

**Aumento da atitude** – Já foi comprovado que somos o que pensamos e acreditamos. As nossas crenças ou atraem o êxito ou o repelem. Aquilo em que colocamos a nossa fé guia a nossa atitude. Quando o vendedor internaliza a expectativa de que vai vencer e deveria vencer, ele tem muito mais chances de conquista do que o vendedor que espera perder. Por isso, cuidar das suas crenças é fundamental;

**Motivação** – Trata-se da condição que influencia a direção do comportamento. É o impulso interno que leva o vendedor à iniciativa. Quando o vendedor se mantém motivado, ele sempre está em movimento, em uma ação; e

**Controle visual e imagético** – Este item pode ser definido como ato de codificar o ensaio mental de uma ação pretendida, sem executá-la. Partes dos mecanismos neurais envolvidos no planejamento de um movimento são também recrutados durante sua simulação mental. Este é o famoso profissional que passa grande parte do tempo imaginando situações que não acontecerão, gastando energias com idealizações irreais e perdendo tempo em visualizar situações realistas.

E por que conhecer essas oito características é importante? Simples! Porque, em vendas, o profissional pode controlar apenas três situações: as próprias ações, suas reações e a maneira de pensar.

Ao acreditar que perder é uma escolha, a ausência de resultados se torna uma consequência.

É verdade que algumas pessoas parecem já nascer com talento natural para liderar e executar bem seu trabalho, como vendedores excepcionais, líderes e profissionais de elite. Contudo, centenas de vendedores fracassam porque escolhem — isso mesmo, escolhem — perder.

Toda vez que um vendedor escolhe ter um comportamento medíocre, ele obtém resultados medíocres, visto que permite vivenciar a derrota em seu dia de vendas, ele se torna um amuleto de má sorte.

Enquanto treinava uma equipe de vendas, lembro que havia um colaborador em especial que era muito azarado. Tudo de ruim acontecia com Fábio. Na hora do percurso para o trabalho, seu pneu furava bem no dia que estava chovendo, fazendo ele se atrasar e levar bronca. Fábio só recebia ligações de clientes caroços, cheio de pepinos para resolver e nunca de clientes querendo comprar. Na hora do almoço, ao pagar a conta, sempre tinha esquecido o cartão de crédito em outra carteira ou com a esposa. Tudo dava errado para ele.

Após semanas observando-o, notamos que ele passava o dia reclamando. A cada ligação que precisava realizar ou receber, era como a morte para ele. Não demorou e percebemos que ele era uma vítima em todas as ocasiões, atraindo para si situações desfavoráveis. Os seus colegas de trabalho se afastavam dele, pois sua energia era péssima e contagiava os demais. Até quem estava com alto astral corria o risco de ficar deprimido. Tinha gente que trocava de lugar só para não precisar se sentar à mesa de trás e passar o dia ouvindo suas queixas.

Agora lhe pergunto: "Você acha que esse profissional batia as suas metas?" Claro que não! Jamais atingiu, na verdade.

Por causa dessa realidade mental, muitos pulam de um trabalho para outro. Apesar dos treinamentos que cada organização proporciona, apesar de orientações, acompanhamento, tutorial, ferramentas e técnicas, no fim, tais profissionais, ainda assim, não atingem seus resultados. Eles têm tudo de que necessitam para ter êxito, menos resiliência mental.

No decorrer de nossas carreiras, vimos milhares de vendedores e vendedoras serem contratados, treinados, apoiados e orientados; e receberem muita oportunidade de conversar e tirar dúvidas, ficando cientes de que os primeiros 90 dias seriam os mais difíceis que enfrentariam. Que eles deveriam trabalhar duro para construir confiança no cliente e conquistar resultados promissores. Foi dito a todos que enfrentariam rejeições, que cometeriam erros, e que possivelmente ficariam envergonhados, chateados e até mesmo desconfortáveis em ter que aprender sobre produtos e serviços diferentes.

Cerca de 30% dos vendedores dessas listas trabalharam duro por quase 30 dias. Então, não demorava para o RH receber a carta de demissão. As justificativas são várias: os profissionais não sentiam que estavam tendo sucesso, achavam que o trabalho estava os sobrecarregando, que talvez a área das vendas não fosse a melhor opção, que estavam fartos de ouvir recusas etc. Já havíamos dito que esses momentos eram esperados e que esses sentimentos faziam parte do processo inicial, mas que, como um barco que enfrenta ondas enormes no início da jornada e depois se estabiliza, com eles também seria assim. Que depois das tempestades dos primeiros meses, a bonança viria e seus esforços valeriam a pena, mas eles já haviam tomado as suas decisões.

Depois que tais colaboradores se demitem, sempre analisamos todas as prospecções que eles tinham colocado na carteira. Acredite que todos fizeram um bom trabalho, dando entrada em prospecções efetivas. Tão qualificadas que, em quase todas as oportunidades, fechamos negócios nos meses seguintes. A comissão de tais vendas teria triplicado o salário deles, mas, ao invés disso, receberam zero.

O fato é que a paciência sempre será uma virtude!

A maioria dos vendedores e vendedoras que desiste pede demissão cedo demais. É como a história do alpinista que, após sofrer um acidente, desmaia e fica pendurado pelos pés, de ponta cabeça em uma ponta da montanha. Ao acordar, já altas horas da noite, é impossível enxergar um palmo diante dos olhos. Mas, ao longe, escuta pessoas chamando seu nome, fazendo buscas. Ao responder, o socorro florestal percebe que ele está a poucos metros de altura e pede para ele cortar a corda. Com medo, por não enxergar, ele se recusa. Ao amanhecer o alpinista é visto morto. Não resistiu ao frio e teve hipotermia, há 2 metros do chão. Fica-se evidente que o alpinista não morreu de frio, mas de medo. Ele não quis correr os riscos.

Precisamos falar sobre começar um novo emprego em vendas, e precisa ser agora! Sejamos honestos, é difícil sim. Os dias serão nebulosos, parece que só existem falhas, erros e nãos...

Mas que a verdade seja dita: à medida que o vendedor vai se aproximando do momento da venda, as coisas parecem ainda mais complicadas, o vendedor vai ficando cansado, desgastado, emocionalmente melindroso. É neste ponto que a resiliência mental, a fé, o positivismo ou a perseverança, como queira chamar, deve ser seu guia.

Na vida, na carreira, em vendas ou onde for, quando estivermos passando pelo vale da sombra da morte (e em alguns momentos na vida, passaremos) continue andando. A fé é fundamental para fazer as coisas darem certo. E o melhor de seguir em frente, continuar remando, mesmo quando o barco parece furado, é que as ações cumulativas florescerão, dia após dia.

Precisamos ser profissionais, equipes, líderes, chefes, gerentes, executivos, empresas e organizações que promovem a tenacidade de continuar e incentivar os outros a perseverar apesar das inseguranças, fracassos, medos, rejeições, obstáculos, vergonhas, chateações, falta de vontade e reveses.

Precisamos ser vendedores e vendedoras otimistas, acreditando em si mesmos.

Os profissionais de vendas precisam mudar seus *mindsets*, pois o que colocamos em nosso cérebro é o que de fato sairá. Se você está lendo, pensando, observando ou perto de gente negativa, fracassada e pessimista, isso impactará sua atitude, seu comportamento e seus resultados.

Quando cremos que tudo acontece por uma razão, a nossa perspectiva em eventos negativos tende a melhorar e a se tornar otimista. Ao invés de reclamar, como o caso do Fábio que se sentia uma vítima em tudo (e, quanto mais fazia isso, mais situação negativa atraía por emanar uma energia ruim), racionalize o ocorrido, enfrentando o revés e se questionando: "como posso aprender com isso?" Assim tudo muda.

Resumindo, quando, na qualidade de colaborador de vendas, escolhemos acreditar que estamos no controle do nosso próprio destino, sem temer a derrota e a rejeição, o caminho para o aprendizado é aprimorado.

É natural que, como seres humanos, tenhamos pensamentos ruins às vezes, sem percebermos. É natural que fiquemos aborrecidos e "meio para baixo" em determinados dias. Talvez as pessoas ao seu redor percebam, pode ser que algumas delas te digam que você precisa melhorar sua atitude, e então terá a oportunidade de mudar a sua frequência mental.

Um dos segredos para manter uma atitude compatível com a resiliência mental é o autoconhecimento. Quando você se perceber com uma linguagem negativa e tendo comportamentos e pensamentos destrutivos, é hora de tomar providências. Podemos fazer isso por meio de quatro pilares:

**Mude de companhia/frequência** — Não sei se você já percebeu, mas a tristeza, a melancolia e a murmuração adoram companhia. Elas ficam observando, cobiçando e querendo que você faça parte do time delas. Portanto, escolha estar ao lado de pessoas que o colocam para cima ao invés de derrubá-lo. Por outro lado, escolha a companhia de pessoas fracas, sensíveis, injustiçadas e vítimas que você concordará com elas e passará a ver o mundo pelo mesmo olhar.

**Mude seu diálogo interno** — Todos nós temos uma voz em nosso interior que fica tagarelando o tempo todo em nossa mente quando não sabemos silenciá-la. O autodiálogo, aquilo que dizemos e pensamos sobre nós mesmos de forma interna, manifesta-se em atitudes e ações. Pare e escute o que você anda dizendo, será que não está mergulhando em um mar de autopiedade, vergonha e culpando o mundo por seus problemas, verbalizando que não pode, não consegue, não é capaz e não vai conseguir? Está na hora de mudar sua frequência mental, afinal, acredite em você e que não conseguirá bancar os resultados de manter pensamentos negativos.

**Mude o foco/Dissocie** — Se você tiver um dia difícil, se perder uma venda, se não conseguir agendar uma reunião sequer e se for rejeitado, possivelmente suas energias irão ao chão. Mas, ao invés de ficar ruminando o acontecido, dissocie. Domine essa energia negativa e comece a pensar em outras coisas. Aproveite a noite para dar um passeio rápido com seu cão, ler um capítulo de um livro ou pintar um desenho com lápis/giz de cera, por exemplo. Tais atitudes dissociarão a situação emocional. Parece uma conduta nova, mas seu cérebro receberá um novo comando: a ordem de não focar questões negativas, mas visar às positivas. Vale lembrar que o vendedor não é definido pelos acontecimentos, mas sim pela maneira como lida com o que acontece no dia a dia.

**Pratique a gratidão** — Gratidão é o pilar mais forte. É uma das chaves para a felicidade. Trata-se de uma apreciação pelo que se tem e pelo que lhe foi dado, pelas oportunidades de aprendizados, pelos acontecimentos ruins que trazem lições, chances de crescimento e resiliência. É gratidão pela ajuda que outros lhe deram, pelas pessoas que fazem parte da sua vida, por ter um emprego, saúde, ar nos pulmões, amigos e as contas pagas. É ver o lado bom de todas as coisas.

Vendedores e vendedoras de alta performance são gratos por terem uma carreira que lhes permite ganhar mais que quase todos ao seu redor ou que não precisam ir até a liderança direta ou à área de Recursos Humanos para pedir aumento.

O melhor de tudo é que podemos praticar deliberadamente a gratidão e a atitude positiva, que provêm de lembrar-se de ser grato em toda e qualquer situação. Inclusive por ter o privilégio de ler este exemplar e chegar ao final dele com sucesso.

Tudo o que você aprendeu aqui é o que os vendedores de elite fazem. Os profissionais de vendas de verdade atacam. Eles analisam cada desempenho e buscam meios de melhorar. Eles veem cada conquista como um passo a dar em direção a novos objetivos.

www.dvseditora.com.br

**Impressão e Acabamento | Gráfica Viena**
Todo papel desta obra possui certificação FSC® do fabricante.
Produzido conforme melhores práticas de gestão ambiental (ISO 14001)
www.graficaviena.com.br